新版 よくわかる！社史制作のQ&A77

出版文化社 社史編集部 編

はじめに

小社では平成一三年に本書の前身となる『よくわかる！ 社史制作のＱ＆Ａ77』というガイドブックを上梓いたしました。社史をこれから担当されるかもしれない、特に総務・管理ご担当の方々のお役に立てばという趣旨でしたが、幸い多くのご購読をいただき、幾度も増刷するはこびとなりました。そこでこのたび、初版の発行以降で顕著となってきたＩＴ技術の関連事項を多く取り入れた『新版 よくわかる！ 社史制作のＱ＆Ａ77』を刊行することといたしました。

本書では、使い勝手を考慮し、Ｑ＆Ａ方式を取り入れました。構成は作業手順に沿っていますので、通読されても実務の流れが把握できますが、作業の進捗に応じてトラブルシューティングとしての使用も可能です。

また、お客様にご協力をあおいで、体験談を寄せていただくこととしました。ほとんどの方にとって社史編纂は初めての体験だと思われますが、それゆえに見通しがもてずに不安をいだいたり、何となく後回しにしてしまって気が付くとタイムリミットが迫っていたというような事態も起こりがちです。すでに社史編纂を経験された「先輩」の体験談のなかにはそうした社史特有の陥穽や、その善後策をはじめ、それぞれ個別の編纂環境における工夫や苦心の跡がうかがわれ、読者の皆様にとって必ずや有意義な教訓となることと思います。

社史編纂というと、一般の企業の方々にとっては専門外の仕事であるように思われがちです。しかし作業プロセス自体は、「目的を定めて」「スタッフを割り当てて」「予算とスケジュールの枠内で進める」といった点で、皆様の日常業務と異なるところはありません。ただ、書籍には編集の作法があり、印刷製本の工程管理には独特のルールがあるに過ぎないのです。その作法・ルールを、それぞれの企業個別の日常業務の手続きにいかにスムーズに乗せていくかが成功のカギであり、社史担当を拝命した方々の腕のみせどころといえましょう。

編集や工程管理のノウハウは、本書のような解説書を読んだり、専門家に相談したりして学ぶこともできます。それが過度の負担となる場合や、またはオーソドックスな社史でなく、市販の書籍・雑誌のようなプロのテクニックを紙面に反映した社史にしたければ、小社のような専門の制作会社などに作業を肩代わりさせることができます。むしろ、専任担当者を複数おいて、五年、一〇年をかけて編纂するような大きなプロジェクトを組めないケースでは、こちらのほうをおすすめします。

事業や環境の変化の激しい今日、「歴史を振り返っても業績が善くなるわけではない。あるのは現在《いま》だけだ」という声も聞かれます。たしかに歴史を振り返ることがただちに何かの改善につながるとは思えません。しかし、にもかかわらず社史を発刊する企業の数が増えているのは、なぜでしょうか。日本の企業風土に合っているため――そうかもしれません。社内活性化の一助に――それもあるでしょう。しかし、何より忘れてならないのは、経営者の、社員の血と汗の結晶である自社の歴史は、自ら残さなければ日々失われていくだけだ、ということです。周年記念事業の一つとしてみるならば、社史の発行は伝統的な手法であり、「古臭く」思われるかもしれません。しかし、一〇年後の次の周年には「あのときつくっておけばよかった。今となっては資料の探しようがない」ということにならないでしょうか。たくさんの企業が社史を編纂する理由の多くは、ここにあります。

その意味で、一冊でも多くの社史が、一人でも多くの社員、お取引先の皆様の手にわたり、発刊企業の経営活動の高揚に資するとともに、企業文化の醸成に端を開かれんことを、祈ってやみません。

最後に、本書に体験談をお寄せくださった一一社のお客様はじめ、当社をささえてくださっている数多くのお客様、お取引先様に厚く御礼を申し上げます。

平成二七年一一月

出版文化社 社史編集部一同

新版 よくわかる！社史制作のQ&A77

——もくじ——

はじめに……3

A 事前準備 16

1 当社のトップが思い付いて社史発刊の指示を出しそうです。前もって準備できることはありますか？……16
2 他社から社史をもらってもなかなか読みません。読まれない本に価値はあるのでしょうか？……18
3 社史を出すと、どのようなメリットがあるのですか？……20
4 社史は時代遅れで古臭いのではないかと感じますが。……22
5 何周年での発刊が多いのですか？……24

6　「社史を担当してくれ」とだけ指示されました。
いったい何から着手したらよいのですか？……26
7　最低、何か月あれば社史をつくることができますか？……28
8　創業者の事績を特筆したいのですが、社史としてはおかしいですか？……30
9　他社の社史を参考にしたいのですが、どこに行けば見られるでしょうか？……32

B　企画づくり　42

10　社史の企画案の提出を求められましたが、何から手を付けてよいかわかりません。……42
11　オーソドックスな社史以外には、どのようなタイプの社史があるのですか？……44
12　制作を順調に進めるためのポイントを教えてください。……46
13　発刊のタイミングにはどのようなバリエーションがありますか？……50
14　スケジュール管理のポイントを教えてください。……52
15　制作会社から「今からでは間に合わない」と言われました。
何とか間に合わせたいのですが。……54
16　見積もり発注の際におさえておくべきポイントは何ですか？……56
17　長期にわたる支払いの、税務上の処理方法を教えてください。……58

18 編纂に必要な仕事の種類を教えてください。……60
19 編纂事務局の仕事とはどのようなものですか？……62
20 社史編纂のために時間を割けない（割いてもらえない）のですが。……64
21 担当者はどのような資質が求められますか？……66
22 どうしても編纂室を確保しなければならないのですか？……68
23 外部業者にはどこから入ってもらうのがベストですか？……70
24 社内で全部行うのと、ほとんど社外に任せるのとでは、メリット・デメリットはどうですか？……72
25 制作会社を選ぶときのポイントや、うまく付き合うためのポイントを教えてください。……74
26 社史にはどのような記事を入れたらよいのですか？……76
27 文字ばかりの社史は、今どき流行らないのではないでしょうか？……82
28 以前の社史がカバーしている年代の記事はどう扱ったらよいですか？……84

C 資料・情報収集

94
29 どのような資料を集めればよいのですか？……94

30 資料を集める手順はどのようにするのですか？……96
31 古い資料はどうやって探したらよいですか？……98
32 情報の整理の仕方を教えてください。……100
33 古い資料がほとんど残っていないのですが、社史はつくれるでしょうか？……102
34 どのような写真を集めればよいのですか？……104
35 写真を集めるルートにはどのようなものがありますか？……106
36 写真の整理の仕方や、選ぶ基準を教えてください。……108
37 デジタル画像データを整理する際の注意点を教えてください。……110

D 取材・原稿作成 116

38 仮目次とは何ですか？ なぜ必要なのでしょうか？……116
39 仮目次は、どのようにしてつくるのですか？……118
40 事務局だけでは年表上の出来事の軽重が判断できません。……120
41 取材の順番を決める基準は何ですか？……122
42 取材の進め方について教えてください。……124
43 〝ありのままに〟正直に書きたいのですが可能でしょうか？……126

44 調べてもよくわからない事柄はどうするのですか？……128
45 仕入先・客先、個人名はどこまで書くのが普通ですか？……130
46 社内で原稿を作成するときの文章の整え方を教えてください。……132
47 外部業者に原稿作成を依頼する場合、どのようなことに注意すればよいですか？……134
48 引用やほかの出版物からの転載の方法について教えてください。……136

E 本文以外の記事 142

49 口絵とは何ですか？　どのように構成するのがよいですか？……142
50 社員参加企画とはどのようなものですか？……144
51 社内座談会のテーマ・参加者はどう決めたらよいですか？……146
52 座談会の上手な運営の仕方を教えてください。……148
53 資料編にはどのようなデータを掲載するのですか？……150
54 グラフはどの程度正確に表現しなければならないのですか？……152
55 年表の記事の詳しさや構成の決め方を教えてください。……154
56 どうすれば上手に祝辞を依頼できますか？……156

F デザイン・校正・印刷 166

57 上製本と並製本の違いを教えてください。……166
58 カバーや表紙のデザインはどのような考え方で決めたらよいでしょうか？……168
59 写真撮影時のポイント、注意点について教えてください。……170
60 社長にはどの段階でチェックしてもらえばよいですか？……172
61 校正のコツを教えてください。……174
62 謹呈箋、挨拶状の手配はいつするのですか？……176
63 土壇場での訂正、仕様の変更はどこまでできるのですか？……178
64 印刷の仕組みについて簡単に教えてください。……180

G 完成したら 186

65 納品された本の検品のポイントを教えてください。……186
66 もしもミスが見つかったらどうすればよいですか？……188
67 受け取りと配布の方法について教えてください。……190

68 万が一にもクレームが起きないようにするには、何に注意すればよいでしょうか？……192
69 社史の活用事例を教えてください。……194

H デジタル化 202

70 書籍として制作した社史のデジタル化は可能ですか？……202
71 はじめから電子媒体専用としてつくられた社史はありますか？……204
72 編纂作業が終わったら資料はどうするのですか？……206
73 会社案内ビデオのように社史を動画にすることはできますか？……208
74 周年記念サイトなどＷＥＢを活用した周年記念活動について教えてください。……210
75 社史で集めた資料をＷＥＢ上で利用可能にする方法はありますか？……212
76 企業アーカイブと社史の関係について教えてください。……214
77 本格的なデジタル・アーカイブについて教えてください。……216

X

体験談

会社の転換期と重なった社史制作　株式会社はせがわ……34
苦難の時期をも糧とし、会社のＤＮＡを後世に伝えていく　株式会社マルハン……38
〝面白くてためになる〟社史づくりを目指す！　朝日放送株式会社……86
「何を」「誰に」伝えたいかを重視した社史づくり　千島土地株式会社……90
会社の歴史の統一見解をつくり上げていった社史制作　株式会社なだ万……112
一〇〇年史を一〇〇のトピックスで構成　日活株式会社……138
二〇〇年の大きな節目にすべての方々に感謝を伝えたい　塩野香料株式会社……158
読まれる社史にこだわり、二種類の仕様で制作　千葉交通株式会社……162
何のため、誰のための社史かを考えた　パイン株式会社……182
社員に勇気・活力・共感を与える社史をつくりたい　株式会社デルフィス……196
先輩方から世界各国の従業員まで多くの人々の思いを込める　株式会社サカタのタネ……218

株式会社出版文化社　会社概要……222

新版 よくわかる！ 社史制作のQ&A77

1 当社のトップが思い付いて社史発刊の指示を出しそうです。前もって準備できることはありますか?

●事前準備のポイントは「スケジュール」と「コスト」です。

社史発刊の起案者は、実際に経営トップが多いようです。当社のお客様の例をみても、社史編纂の立ち上げのきっかけは、

①経営トップが指示を出した

②そろそろ周年が近いのでと、現場から起案した

③社史を出すことは以前からの合意事項だった

というような経緯が多く、それも①が少なからぬパーセンテージを占めています。

担当部署は、総務部・人事部が最も多いようですが、当社が今までに経験した範囲では、ほかにも左表のような部署が指名を受けています。

さて、社史担当者になる可能性のある方が、指名されたときに慌てないように準備できることですが、「多くの社史に目を通しておく」「本書のような参考図書を読んでおく」「体験者の話を聞いておく」などのほか、公的機関や民間で開催されている「社史・記念誌セミナー」

に参加して予備知識を仕入れておくなどの方法があります。

予備知識が十全であるにこしたことはありませんが、とりわけ重要なポイントは、まずは「社史をつくるのにどれくらいの期間がかかるのか」が挙げられます。指示された期日までに完成できるかどうか、できないとすればどのような対案がありうるのかについては、早急に結論を出さなければなりません。また、編纂に必要な経費が許容範囲なのかどうかについても、早急に確認をしなければならないからです。

この二点をおさえておけば、社史発刊の指示が下っても、慌てることはありません。

総務部
人事部
秘書室
経営企画部
広報部
営業企画部
経理部
管理部

▲ 社史担当者の所属部署

2 他社から社史をもらってもなかなか読みません。読まれない本に価値はあるのでしょうか？

●社史はまず、〝経営史料〟です。読まれることが第一の意義ではありません。

たしかに、「よその会社から立派な社史をもらったが、ざっと目を通して本棚に直行」というのが、多くの人が経験する事実ではあります。そこから「読まれないものをつくっても仕方がない」という論が生まれてくるわけです。しかし、これは早計です。

「社史は読まれないもの」には二つの意味が含まれています。一つは、「社史は史料である」ということです。会社の歴史をある機会に編纂・記録しておくものですから、記録性が第一義で、面白さや読みやすさが優先されるものではありません。必要なときに必要な人が参照し、史料として役立てばよいのです。だから、よく〝昼寝の枕〟などと言われる分厚い社史の多くは、社員でさえ通読するのは苦痛なはずです。まして、他社の史料など誰が読むでしょう。

しかし、読者がいないと決め込むのは間違っています。経営史、業界史の研究者にとってはこのうえない史料です。御社と取引を始めようとする金融機関などにとっても格好の資料となるでしょう。そして、一〇年後か、二〇年後かわかりませんが、そのときの必要に応じて、御社にとってもこのうえなく貴重な資料となるはずです。本来の意味での〝社史〟はそのようなものです。

「社史は読まれない」にはもう一つ、「わが社の歴史には興味がもてるが、他社の歴史には興味はない」という理由があります。これはある意味で当然でしょう。自分たちが手塩にかけて育ててきた会社の歴史だからこそ、懐かしさや興味をもって社史を紐解くのであって、そうでなければ、社史がさほど面白い本ではないのも事実です。それは、社史の最も熱心な読者が、実は会社ＯＢであることの裏返しでもあります。

それでも他社に進呈するのは、社史が、感謝の気持ちを表すための贈答品でもあり、発行することが、「これだけの歴史を重ねてきた会社です」というステータスにもなるからです。この場合にも差し上げることに意義があるのであって、読まれることはさほど重視されません。

とはいえ、つくる目的によっては、読まれなければ意味のない社史もあるでしょう。「若い社員に当社の歴史を知らせる」「周年を機に歴史を振り返ることで、社内の結束を強めたい」というような目的が第一の場合です。その場合は、たとえ史料としての価値は多少損なっても、「読まれる」ためのさまざまな企画を盛り込んで内容を工夫していく必要があります。これについては、Ｑ11で詳しく述べます。

3 社史を出すと、どのようなメリットがあるのですか？

●社史の意義付けを明確にしていけば、多くのメリットを生み出すことができます。

社史発行の意義（目的）として、当社では左の八つにまとめております。

①経営資料と情報の整理・継承のため
②会社の足跡に学び、今後の経営に役立てるため
③会社のアイデンティティを確認するため
④社員に周年などの節目を意識してもらうため
⑤社員と、その家族に会社への理解を深めてもらうため
⑥業界の内外に、感謝の気持ちを伝えるため
⑦企業のイメージづくりのため
⑧業界・社会への貢献策の一つとして

それぞれの詳細については『企業を活性化できる社史の作り方』（小社刊）をご参照いただくとして、ここでは最近私どもが感じる動向について記してみたいと思います。

今から二〇年以上前、いわゆる「バブル景気」の頃までは大企業を中心に、多くの企業がこぞって大型で華やかな社史を出していました。それが大企業のみならず中小企業にまで波及してきたのが、バブル崩壊以降の動きです。一九九五年に日本は戦後五〇年を迎え、以降、終戦直後から復興期に創業した企業が続々と五〇周年を迎えたためですが、それと同時に、社史の企画にも変化が現れてきました。当時の厳しい経済情勢のもとで、各企業は費用対効果を重視するようになり、以前からの主流であった「データが豊富で整理が行き届いた、資料性重視の社史」だけでなく「会社の個性を上手に表した社史（記念誌）」や「あれこれと欲張らず、経営上必要な課題の達成に向けて役立つような社史」がつくられるようになり、また、同じ時期からインターネットや携帯電話が爆発的に普及したこともあり、「ＩＴ技術を活用した社史」なども増えてきています。

いずれにせよ、経営者や担当者が社史の方向付けに明確なビジョンをもっている企業ほど、社史発刊の喜びが大きいようです。とりわけ中小企業では、経営者の意向が強く社史に反映されますから、実務に入る前に直接に確かめておくことも重要でしょう。ビジョンが明確であればさらに、作業が効率化されるメリットもあります。

4 社史は時代遅れで古臭いのではないかと感じますが。

●発行の意義（目的）は時代が変わっても決して色褪せません。

たしかに、吸収合併、倒産、新規起業がこれほど活発になり、グループ企業でも事業のポートフォリオの見直しが盛んに行われるような経営環境の変化が著しい時代に、社史編纂などといった悠長な事業は一見時代遅れであるかに見えます。しかし、そういった情勢にもかかわらず、社史はつくられ続けています。なぜでしょうか。当社にご発注いただいたお客様の「発行目的」を見てみましょう。

●今後グループ内の再編が進むので、社内の連帯感を保つよすがとすべく、さまざまな社員参加の企画を盛り込んだ。（鉄道業）

●小さな工房から始まり上場を視野に入れるまでに成長した歴史を振り返り、関係者一同で旧交を温め合いたい。（非鉄金属業）

●気風の違う二社が合併した。両社の今までの歴史をここでまとめ、相互の理解を促し、新しい出発の土台づくりの一助としたい。（製造業）

●日本社会の推移見通しから、当面の事業基盤は安定している。「その後」を皆で考えていくためのテキストとすべく社史をまとめる。（製薬業）

●五〇周年を社歴の一段落と考える。これを機に当社を支えてきた企業精神を確認し、ますます厳しくなる時代を乗り切る糧としたい。（建設業）

一見、その理由はさまざまに見えますが、各社に共通しているのは、「これまでの歴史を振り返る」ことと、それを「将来の糧として活用すること」です。一度社史をつくると、一〇年おき、二〇年おきなど、ほぼ一定のサイクルでつくり続ける企業が多いのはこのためです。いわば、節目ごとに社業の棚卸しをして、次の経営サイクルに何を継承し、何を改めるかを考える機会が社史制作だということです。この「発行目的」は、経営環境の変化の激しい時代を迎えて、色褪せるどころか、かえって必要性を増しています。

では、なぜ社史に古臭いイメージがつきまとうのでしょうか。それは、古い資料の山に取り巻かれて、大きくて重い本をつくるというイメージにあるようです。しかし、近年では、Q26や50以降で述べるように企画のバリエーションが豊富になり、さらにデジタル技術の発達によって、Q70以降に述べるように電子ブックやＨＴＭＬ形式など新しい表現媒体による社史も制作されるようになりました。そうした企画や媒体の多様化は、従来の大きくて重い書籍では実現できなかったさまざまな可能性を切り拓いています。そうした事例を目にされれば、「社史は古臭い」イメージはきっと払拭されることでしょう。

5 何周年での発刊が多いのですか？

●五〇周年が圧倒的ですが、各社の事情によりさまざまです。

当社の受注した社史および記念誌約一〇〇〇点を集計したところ、圧倒的に多いのは五〇年史で全体の約三七％、次いで六〇年史、一〇〇年史となっていました（平成二七年調査）。一〇〇年までは「五周年」「九五周年」をのぞき、ほぼ五年ごとに発刊があります。

なかには五年、一〇年ごとの区切りではなく一二年、一七年、六七年といった、一見中途半端に見える周年数の社史もありますが、本を紐解くとそれぞれに事情が書いてあります。吸収合併されるため、解散するために、その前に会社の歴史をまとめるといった経緯です。

またタイトルからはわからないものの、創業九三年のときに社史編纂を思い立ったが周年としては切りがよくないので先代社長の時代までまとめた「八七年史」や、編纂に着手した矢先に創業者が体調を崩したので、回復を待ってまとめた「四三年史」などといった事例もあります。どの企業も将来の発展を目指して活動しているので普段は歴史を振り返ったりするゆとりはありませんが、社史は経営上のニーズから企画されるものでもあるので、「キリのいい数」にこだわらない周年での発刊も見られることはたしかです。

周年の数え方として、まず起点をどこにおくかですが、「創業」（創業者が事業を始めたとき）、「設立」（多くは、株式会社化したとき）の二つがあります。これは御社ご自身がしっくりとくるほうを選ぶなり、ふだんはどちらを意識しているか（たとえば、創業記念日はどちらの設立年月日になっているか）で決められればよいでしょう。一方、数え方では、会社の周年も人の年齢同様に、「数え」でなく「満」でいくのが圧倒的ですが、稀には「数え」を採用する企業もあります。

最後に、「暦年」（周年記念日を迎えた回数）か「決算期」（第○期）のいずれを採るかですが、これは暦年のほうが圧倒的に多くなっています。半期決算時代や決算期の変更などがあって、暦年との乖離が大きいからですが、少数ながら、四八年半などであっても決算期を採って「第五〇期末をもって五〇周年とする」というケースもあります。

53周年	50周年のタイミングを逸したが、どうしても発刊したいとの気持ちから。（製造業）
55周年	50周年から編纂事業を始め、55周年での刊行を計画。（製造業）
66周年	20世紀末で刊行しようと思い立ったとき、たまたま66周年だった。（製造業）
49周年	タイトルで50周年をうたうが、遅れてはいけないので、あえて早めの49年で設定。（建設業）

▲ 珍しい周年の例

6 「社史を担当してくれ」とだけ指示されました。いったい何から着手したらよいのですか？

●専門家（企画制作会社）に聞いたり、他社の社史を見て勉強したりします。

上司からの指示は、おおよそ抽象的なものです。目的だけを明確に与えて方法論は担当者に任せたほうが、全体として能率的だからです。

社史編纂も同じで、経営層から指示が与えられたら、一人で抱え込んでしまわずに、制作会社などの専門家に持ち込むのが最も早道です。社史制作の経験があるスタッフのいる制作会社ならば、社史編纂に向けた具体的な方法論を提案することができるはずです。

その際に、企画立案に必要な５Ｗ＋３Ｈ（詳しくは小社刊『企業を活性化できる社史の作り方』をご覧ください）を十分に議論して的確に相手に投げかければ、きっと期待以上の答えが返ってくることでしょう。「５Ｗ＋３Ｈ」はさほど難しいものではありません。皆さんが日常業務のなかで新しい事業に取り組まれるときにも、おそらく同じ方法をもちいておられるのではないでしょうか？　外部の専門家に委嘱しない場合でも、５Ｗ＋３Ｈの考え方は大変有効です。

WHEN	いつ	●開始時期や完成時期	(Q13)
WHERE	どこで	●作業の場所など	(Q22)
WHO	誰が	●責任者、スタッフ、外注先	(Q19, 25)
WHAT	何を	●どのような内容か	(Q26)
WHY	なぜ	●発刊目的	(Q3)
HOW	いかに	●方法論	(Q18)
HOW MANY	何部	●部数	
HOW MUCH	いくら	●予算	(Q16)

▲企画立案の前提となる5W+3H

反対に、これがなおざりにされていますと、よけいな回り道をしたり提案が見当はずれであったりします。協力いただく方にも迷惑となりますので、ぜひとも避けていただきたいと思います。

このようなポイントについて関係者で十分に議論すると同時に、社史の実例に目を通すことも重要です。まずは他社から寄贈されて応接室の戸棚におさめられた社史がありましょうし、図書館にも蔵書があります。さらに首都圏や関西圏では古書店や社史蔵書の充実した資料館もあります（Q9参照）。

また、社史の「あとがき」に目を通されることをおすすめします。ここでは社史発刊の裏の消息や担当者の本音、どこで苦労しどう乗り切ったかなどが書かれていることが多いものです。これから社史編纂にあたられる方には大いに参考になるはずです。

7 最低、何か月あれば社史をつくることができますか？

●企画・内容・ボリューム次第では六か月前後でも可能です。

資料性の高いオーソドックスな社史の場合、企業規模や社内編纂組織の体制にもよりますが、企画の立ち上げから完成まで、少なくとも二年の期間は必要とお考えください。

それでも、この機会にせめて記録だけでも残しておきたい、周年事業の目玉として体裁だけでも整えたい、などの要望はあります。その場合は、かけられる時間から逆算して体裁・内容を設定したり、発刊の目的として何を優先したいかを考え併せて、企画を工夫したりします。そのような短期間でつくられる場合は、当社のような専門会社を参加させることをおすすめします。ページ数や内容の複雑さ、また担当者がどれくらい時間を割けるかによってつくることのできる内容は限定されますが、専門家でなければその手間の算定は容易ではないからです。

では、「どのような内容なら、どれくらいの月数があれば可能か」について、当社がこれまでに経験した例のなかから、いくつかをご紹介したいと思います。

●業界団体五〇年史　Ａ４判／一八二ページ……社内での実作業着手から書籍完成まで五か月

原稿作成の負担を軽減するため、大半を支部からの寄稿・広告のページとした。事務局で担当した記事は期限内に作成できたが、寄稿が目論見通り集まらず、少し日程は遅れた。

●商社三〇年史　Ａ４判／五六ページ……同六か月

沿革は年表で表現。ただし年表は基本的に事実の列記なので、歴史像にふくらみをもたせるためにエピソードのコラムをちりばめ、さらに座談会を開催して補った。

●サービス業三〇年史　Ａ４判／七二ページ……同六か月

すでに二〇年史があったことと社内報が完全に揃っていたことで、その情報の範囲内でつくることができる、薄いながらも正面切った通史を目指した。

●社会福祉法人九〇年史　Ａ４判／二五六ページ……同八か月

大規模な写真集。先に時代ごとにページを割り、ひと区切りごとに掲載写真を選定してはデザインに回すピストン輸送方式を採用。途中、写真の追加・差替え要求も相次いだが、印刷に通暁した広報担当者の交通整理が巧みで予定通りゴールイン。

このように、短い期間で仕上げてしまう方法も種々あります。しかし、手間いらずがいいというような安易な基準でこの道を選択すれば、無理を重ねた作業のすえ、結局完成時期をずらす、ずらしたために機運がそがれてしまうといった悪循環にも陥りかねません。制作期間の設定は、くれぐれも無理のないようにお願いしたいものです。

8 創業者の事績を特筆したいのですが、社史としてはおかしいですか？

●社史は会社の歴史。似てはいても、創業者の歴史とは別物です。

一個人によっておこされた企業は、ほとんど例外なく創業者の超人的な努力によって発展していくもののようです。その企業の歴史（＝社史）は創業者の歴史そのもの（＝創業者の自分史）であるかに見えます。事実、社史と銘打ちながら、創業者や経営者個人の事績ばかりか、その家族の動向まで記述された「企業の歴史」なのか経営者個人の歴史なのかが判然としない社史も時折目にします。

たしかに創業者の才覚や努力によって発展してきた会社であれば、個人と組織を切り分けることは至難です。しかし、会社はある時期から個人の手を離れ、真の意味での企業となっていくものです。そこで、創業者（経営者）の動きと会社の動きをどう切り分け、整理するかが検討課題となってきます。それには、

●歴史を通じて全面的に創業者の視点で描く

●創業者伝と社史を一冊に同居させるが、記事は別個とする

●創業者伝と会社の社史を別個の本としてまとめる
などのバリエーションがあります。

　このうちどの形を選ぶかを決めるには、「創業者の歴史」「会社の歴史」という二つの要素について、どのように折り合いをつけるのかをきちんと認識しておく必要があります。具体的にわかりにくいときは、本文の主語が何になるかを思い浮かべてみてください。社史は〝会社の自分史〟なので、主語は「当社」ですし、一方、創業者・経営者も会社の発展に貢献した群像の一人にすぎないという立場をとります。創業者伝では、創業者の名前が主語になります。「当社は海外進出に踏み切った」と、「○田△夫は海外進出を決断した」ではまるで印象が違うことがおわかりいただけるでしょう。

　要は、御社がどちらの形を望まれるか、どこまでが「○田△夫は」がしっくりくる時代と認識されているかで決めていけばよいことです。

A B C D E F G H X
事前準備

9 他社の社史を参考にしたいのですが、どこに行けば見られるでしょうか？

●図書館が基本ですが、インターネット検索も一法です。

見たい社史がはっきりしている場合は、その発行者（企業）に依頼をしてみるのが早道です。社外秘の場合もありますが、多くは閲覧や貸し出しに応じてもらえると思います。発行直後で在庫にゆとりがあれば、譲ってもらえることもあるでしょう。

いろいろな社史を閲覧したい場合は、図書館を探すことになります。全国の図書館の所蔵社史を調べるには、国立国会図書館（ＮＤＬ）の「リサーチ・ナビ」か、渋沢栄一記念財団情報資源センターの「渋沢社史データベース」が便利です。ここでは誌面の都合上、代表的な図書館をご紹介しておきましょう。

公立図書館では、主に都道府県の中央図書館に社史の蔵書がありますが、最も充実しているのは、やはりＮＤＬ（東京・大阪）です。多くの企業が発行と同時に寄贈するので、大企業の社史ならばまずあるとみてよいでしょう。そのＮＤＬに匹敵する社史の蔵書を誇るのが神奈川県立川崎図書館です。産業都市・川崎の工業図書館として発足した同図書館は、社史を特殊コレクションとして独立させ、開架式で一般の利用者に公開し、貸出もしています。収集範囲も広く、中堅・中小企業までというカバー範囲の広さではＮＤＬを凌駕しています。関西では大阪府立中之島図書館が社史の収集に取り組んでいます。

各業界団体にも所属企業の社史が集まりますが、団体の図書館としては日本経済団体連合会（東京）や各地の商工会議所の図書館、日本証券経済研究所が運営する東京と大阪の証券図書館、機械振興協会ＢＩＣライブラリ、全国銀行協会銀行図書館、日本海事センター海事図書館、松下社会科学振興財団の松下資料館、日本経営史研究所経営史料センター（帝国データバンク史料館分館に寄託）などが代表的な社史所蔵機関です。

大学図書館では一橋大学附属図書館、東京大学経済学部図書館、名古屋学院大学学術情報センター（瀬戸図書館）、神戸大学経済経営研究所附属企業資料総合センターなどが代表的なところですが、なかでも有名なのが龍谷大学深草図書館の長尾文庫です。30年間にわたる個人コレクションを継承したもので、幕末から一九八五年までの現存する社史の七割以上を網羅していると言われています（惜しむらくは近年分の収集が手薄です）。

最後に古書市場ですが、鉄道会社の社史や地方史など特定のファン層を有する分野を除けば値段もまちまちで、専門書店もありません（かつて一軒ありましたが、現在は閉店）。しかし、それなりの流通量はあるので、「日本の古本屋」などのネット検索をおすすめします。

会社の転換期と重なった 社史制作

株式会社はせがわ
代表取締役会長 長谷川房生 様

●経営層向けのアーカイブズを

社史をつくりたいという思いはずっとありましたので、社長になってすぐにつくろうとしました。他社からいただいた社史を見たり、制作方法を聞いたりして、最初は社内で制作しようと試みました。制作に携わったのはOBの方二人で、一人は資料を集めて、それを文章化する。もう一人は映画関係の仕事をしていた方なので、全体のストーリーをお願いしました。ところが、一部は兄（前社長）の個人史のように、一部は単なる歴史の記録に、また一部は精神的な側面だけを追っているという、焦点の定まらないものができてしまいました。

それで結局、発刊しないまま二〜三年が経過したとき、社史のつくり方の本に出合いました。そこには、経営層向け、従業員向け、取引先向け、あるいは社員の家族向けなど、想定読者によっていろいろなつくり方があると書いてありました。それを読んで、全方位的に欲張ったのが間違いだったと気が付きました。

ちょうどその頃は、上場企業として同族から非同族へ転換することを考えており、役員はじめ主だった幹部が集まって、事業内容を総点検して新しい時代への戦略をつくる会議を行って

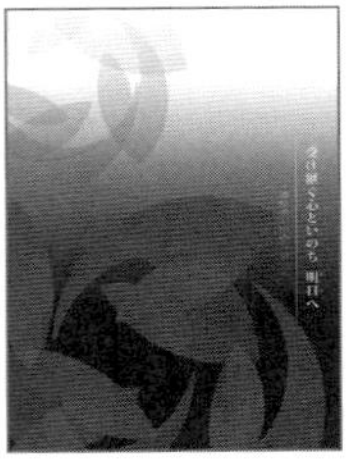

『受け継ぐ心といのち 明日へ』
A4判並製、276頁、
平成25年7月発行

いた時期でした。C－プロジェクトもスタートさせて、経営理念などをもう一度、見直そうとしておりました。いわば、わが社の大きな転換期に当たりましたので、今回はとにかく経営層向けの正しいアーカイブズを残しておくことが重要だと、制作目的を絞りました。

●精神的な柱の検証と失敗事例からの教訓

経営層向けの正しいアーカイブズとは何かといえば、一つは私どもの場合は宗教用具事業という仕事柄、非常に精神的な側面が強いので、会社の精神的な柱を検証してきちっと立てること、もう一つは過去の失敗事例について残しておくことだと考えました。

精神的な柱については、社内のメンバーだけでは具体的にそれをどう明瞭化していくのかが難しかったのですが、専門業者とお話しさせていただくなかで、創業者の事跡をつぶさに明らかにしていくことを通じて、理念が構築されていく過程を再構築していくことに決めました。進めていくうちに創業者のすごさが改めてわかり、どんどんのめり込んでいきました。失敗事例については、経営というものには必ず失敗があるものですから、その失敗を、経営を受け継いでいく人にきちんと知ってもらい、教訓として生かしてもらうという方向で考えました。

●経営を順当に受け継ぐために

社史編纂プロジェクトチームは組織したものの、実際の制作過程は、総務の担当者が中心になって私とやりとりし、制作する過程で必要に応じて社員や役員に参加してもらい、それにまた私が目を通していくというプロセスをたどりました。

創業者はすでに亡くなっており、その後は前社長の時代が長かったのですが、過去については誰よりも私がよく知っていました。もちろん前社長も知っているのですが、自分で経営しているから主観的なのです。その点、私は前社長のサブとして長く働いてきましたので、客観性がある。その客観的視点からとりまとめておこうというつもりがあって、積極的に制作に関与していきました。

新しい時代への会社の挑戦と重なりましたので、同時並行だった新しい経営理念やCIの策定を過去から一貫性のある変化として捉えていくために、これまでの経営を数字から何から全部この社史のなかに整理して詰め込んで、新しい会社につながるアーカイブズをつくっておきたい。制作を進めるにつれて、そういう思いがだんだん強くなっていきました。とにかく、社長として一番大事なことは後継社長をつくることですから、そういう点では最も重要な仕事と思っていました。経営が順当に受け継がれるようにするためのきちんとした記録を残しておくことは、経営者として大事なことだと思います。

後はこれをまず経営幹部と共有し、しっかりと受け止めていく。これがなされていけば、時代は変わっても、ビジネスが変わっても、人間集団としての会社のバックボーンは間違いない。社史の発刊後、私は社長職を非同族の方にバトンタッチしましたが、それについてもすんなりできたという感じがしております。その背景には、社史という形で明らかにすべきものを明らかにできたということがあったと思います。

●経営を構成要素と時間軸で客観視する

社史制作のように自社の歴史を俯瞰し、経営を構成要素と時間軸で客観視できる勉強の機会はそう多くないはずです。良くも悪くも現在の経営がそのようになっている原因を探ろうとすれば、少なくとも過去一〇年の歴史を探らなければわかりません。良いところはなぜこういう経営ができるのか、また悪いのはなぜだったのかと。

今後はこれを生かす方向で、経営陣向けのもう少し詳しいものと、それから社員向けに明るいものと、取引先との関係の深化につながるようなものを、分冊としてつくっていこうかなと、そんなことを考えています。

© HASEGAWA CO., LTD. 2013

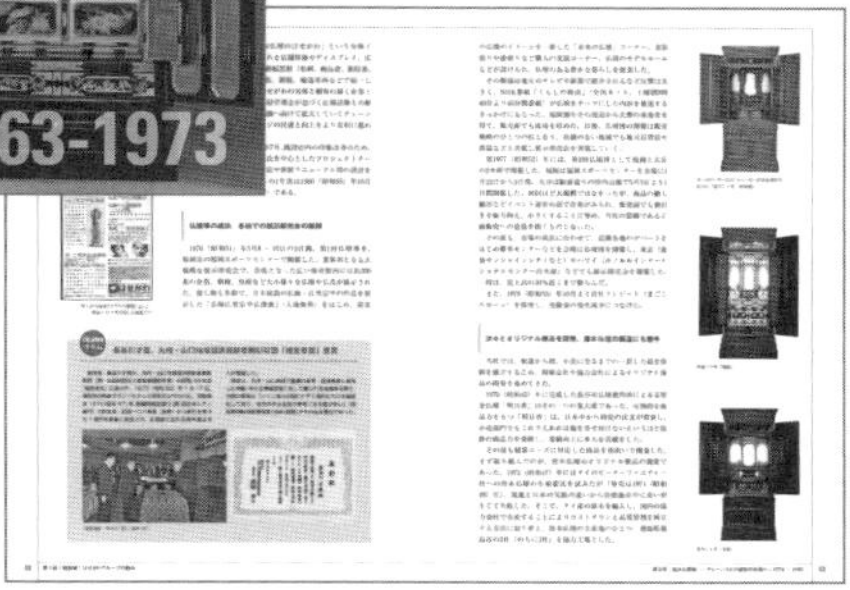

© HASEGAWA CO., LTD. 2013

苦難の時期をも糧とし、会社のDNAを後世に伝えていく

株式会社マルハン
専務取締役　藤原清之 様

創業三五周年を迎えた頃に、社史制作の話が持ち上がりました。このときは見送りになったのですが、いずれ制作する日が来るだろうと思いましたので、当時の役員たちにインタビューを行ったり、資料を集めたりなど、少しずつ社史編纂の準備を始めるようになりました。

創業五〇周年の際に、式典や海外旅行などさまざまな周年行事が計画され、その一環として社史制作が役員会で正式に決議されました。

そして、私と社内報を制作している女性の二名体制で社史を担当することになりました。

『THE FIRST 50 YEARS 1957-2007 マルハン挑戦の50年』（A4判並製、240頁、平成20年4月発刊）

●当社ならではの編集方針・目的を明確にする

社史制作には、しっかりとしたコンセプトづくりと、十分な準備が必要だと思います。もちろん社史をつくる以上、企業の歴史を記録に残すことが必要不可欠で、ある程度のパターンというものはあると思います。ですが、何を伝え、何を記録するのか、自社らしさとは何かなどを考えて社史のコンセプトを追求していくと、結果的にほかとは異なる、オリジナルな社史になっていくのだと思います。

当社の場合は、編集方針・目的を次のように設定しました。

①初めての社史として、歴史をきちんと記録に残すこと。特に、マルハンの苦難の時代を克服した創業者の価値観、DNAを後世に伝えることを第一に考える。

②単なる過去の記録だけに留まらないようにする。

③出来事に対して、どうしてそうなったのかその基となる考え方を記載していく。

④創業者である会長の語録を載せ、その考え方を抽出していく。

これらを念頭に内容構成を検討していくと、四部構成にするのが最適だと考えました。

第一部は、創業者の生きざまを物語形式で表しています。この物語で、創業者がいろいろな事柄をどのように感じ、また、いかに困難に立ち向かってきたか、その根底に流れている思想を理解できるようにしました。それは単に創業者を紹介しているのではなく、現在の弊社のDNAにもつながる内容となっています。

第二部では、会社の歴史をトピックス原稿と年表形式で記録しました。また創業者より指導・指摘を受けた言葉を集約し、今後の業務に生かしてほしいと願い、年表の左側に語録として記載しました。

第三部では、創業から現在まで、会社として挑戦してきたこと、継続していることを現幹部の言葉を中心に紹介しています。当社は、創業以来、いろいろなことに挑戦し現在の会社形態となっています。そのターニングポイントとなった出来事に焦点を当て、当時の責任者（幹部）の言葉や行動を具体的に紹介することで、さまざまな局面でどう行動すればよいかを示すことができたのではないかと考えています。

第四部は、拠点紹介としました。しかし、単に全国の店舗の場所を紹介しても意味がありません。そこで、全社員がどのような思いで五〇周年を迎え、各店舗でどのような課題をもって仕事に取り組んでいるのかが伝わるように企画し、全員参加のページとしました。

それぞれは特別なものではありませんが、その一つひとつの内容を深めていった結果、当社らしい内容に仕上がったと思っています。

●苦難の時代をあえて隠さず社員に伝える

第二部の最後に、「あの苦難を語る」と題した特別座談会を掲載しています。当社の苦難の時代を克服した先人のご苦労があって、今の会社があることを理解してほしいと思い企画しました。

よりリアルに伝えたいという思いから、当時の店長など事情をよく知っている人に集まってもらい、座談会という形式を採用しました。ボウリング場の不況のなかで、自分たちの給料は自分たちの手で稼ぐといった当時の社員たちの勢いや責任感など、今日の当社の土台となっているチャレンジ精神がうまく表現できたのではないかと思っています。

こういった苦難の時代を正直に記述することはもちろん、すべてについて誇張せず事実をきちんと伝えることを重視しました。細かなデータまでオープンにしているわが社の社風が出ているのではないでしょうか。

●全社員で同じ価値観を共有する

社史には当社の思想が盛り込まれていますので、発刊後は、新入社員の研修に使ったり、中途採用の幹部社員にも熟読してもらうようにしています。また、当社は全国に約三百店舗あり、一万人以上の社員で運営していますが、全店舗で同じ価値観を共有するために社史がとても役立っています。

業界紙でもわが社の社史について取り上げていただき、「一般に見かける社史ではなく、人生訓なども掲載している」というお褒めの言葉をいただきました。

社史制作で重要なことは、会社の大切にしたい部分や信念を貫き、最後までぶれないということです。確固たる思いは、そのまま社史の出来栄えにつながります。また、担当者から制作を終えて、普段では知ることのできない歴史にふれられたことも貴重な経験になったと聞きました。最後に、資料はしっかり保存して、後世に残すことが大切だとお伝えしたいです。結びに当たり、立派な社史ができたのは、出版文化社のスタッフとライターさんが、弊社の歴史を社員の誰よりもよく知り、理解して、いろいろとアドバイスしてくださったお陰です。ありがとうございました。

© 2008 MARUHAN Corporation

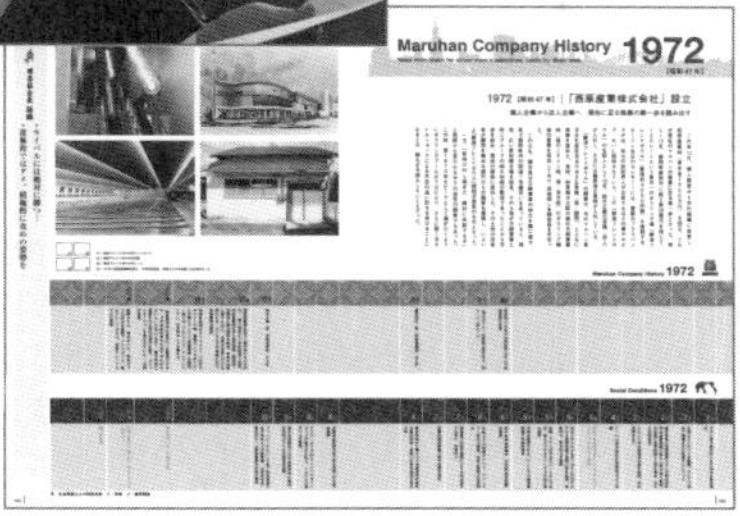

© 2008 MARUHAN Corporation

10 社史の企画案の提出を求められましたが、何から手を付けてよいかわかりません。

●「内容」「読者」「表現方法」の三つの観点から始めてください。

ここでは、企画を考える上での大枠をご説明しましょう。最初に、Q3でふれた社史発行の目的、つまり、「何のために社史をまとめるのか?」ということを明確にします。そして、それを実現するために具体的に何が求められるのかを、「内容」「読者」「表現方法」の三つの観点から検討し、それぞれの結果が矛盾なく組み合わせられるように企画を絞っていきます。

仮に目的を「会社の発展の軌跡を明らかにし、社員が共有することによって、会社の将来を拓く糧とする」としましょう。この目的を次のように分解していきます。

①**内容**／「会社の発展の軌跡」を「会社の将来を拓く糧」とするには、どこまで詳しい内容にすべきでしょうか。それは「読者」の想定によって変わってきます。

②**読者**／「会社の将来を拓く糧」とするには、誰が理解できるレベルに設定したらよいでしょうか。「社員が共有」とありますが、経営層向け（＝経営課題解決の一助など）を意識

すれば内容は詳しく高度になりますし、新入社員向け（＝歴史の共有による求心力の向上など）なら理念など基礎的なところの理解・浸透を狙う内容になります。

③表現方法／新入社員向けならば、わかりやすくなければなりません。理解を助ける写真を多くして、情報量は基本的なことに絞ったほうがよいでしょう。一方、幹部社員が対象であれば、情報量はもとより、内容の細かさや深さも問われます。事実の記述だけとどめるのか、教訓がくみ取れるように分析・評価を盛り込むのか、などです。

以上のように考えますと、たとえば「幹部社員向けに（＝深い内容）、写真中心の構成でわかりやすく（＝浅い内容）」というのは、無理のある計画であることがおわかりいただけるでしょう。この三つの必要条件の関係がうまく釣り合ったら、次にそれを実現するための条件である「所要期間（納期）」「スタッフ」「予算」を考えます。

●所要期間（納期）／弊社の経験では、一〇〇ページで一年半、二〇〇ページで二年、三〇〇ページで二年半くらいです。もっと短くという場合は、Q７を参考に検討してください。

●スタッフ／「社内でしかできない作業」と「社外でもできる作業」を分類し、後者を社内スタッフで賄うことができるか「技能」「人員」の両面から検討して、外注範囲を決めます。

●予算／外注コストはもとより、社内の人件費や備品・事務経費も考慮しなければなりません。大型の社史になると、専用の編纂室にコピー機（スキャンニングもできる複合機）やキャビネットなどを用意するケースもあります。

11 オーソドックスな社史以外には、どのようなタイプの社史があるのですか？

●想定する読者を絞り込んで、企画内容に特徴をもたせています。

オーソドックスな社史は、歴史を体系的に記述した「沿革」とそれを数値や表で裏付ける「資料編」を中心に構成されています。体裁はケース付きの豪華本で、文章は硬い論文調、内容は経営の推移を網羅的かつ客観的に記述したものというのが定番です。

一方、配布先は社員、ＯＢ、取引先、株主、銀行など幅広い層のステークホルダーであることが一般的です。これは、その他の企業発行物が「誰に向けて何を発信するのか」を明確にしてつくられているのと対照的です。言い換えれば、記録・資料としての価値を主目的とするオーソドックスな社史は、「社員のロイヤルティを高める」「取引先との関係を活性化させる」「社員の教育ツールとして使う」といった特定の用途や効果を想定してつくられてはいないということです。しかし近年では、想定読者を絞り込むことによって、特定の効果を意識した次のような特徴的な社史もつくられるようになりました。

●**社内限定**／歴史から教訓を学ぶ効果を高めるならば、失敗例はもちろん成功例でも、現在の視点から分析し、評価しなければなりません。ある医療機器メーカーさんでは、社史のほかに、重要トピックスを掘り下げたケーススタディ集をまとめました。目次をみると「新商品開発の苦労」「販路開拓の失敗」「社員教育の効果検証」などが取り上げられており、歴史から何を学ぶべきかを自問し続ける姿勢が明らかです。これらの社史では社外秘に触れることも多いので、多くの場合、社外に配布しない前提でつくられます。

●**社員の家族向け**／ある大手運送会社さんは、何百ページもある本史のほかに、小学生でも読めるようルビを振った家族版をつくられました。マンガありクイズあり絵年表ありと、工夫が凝らされた小冊子です。

●**新人向け**／社史のエッセンスを抜粋してわかりやすい文章でまとめ直した沿革に、社員参加記事、開発秘話、イメージ写真などを組み合わせて雑誌風の親しみやすい編集にするのが定番です。新人への会社説明に使うほか、内容を英訳して海外の代理店などに配布して、現地の方々の会社への理解を促す目的に使われる場合もあるようです。

●**取引先向け**／家族向けのところで取り上げたある大手運送会社さんは、同時に、顧客志向という観点から簡便にまとめ直した取引先向けの社史も作成されました。また、ある食品メーカーさんでは、品質事故の顛末とそこから導き出された「安全、安心」の意味を問う記念誌を出されました。関係先へのお詫びと再生の宣言を意図されたそうです。

12 制作を順調に進めるためのポイントを教えてください。

●方向付け、正確性、要所での承認などです。

オーソドックスな社史をつくる場合の、標準的な手順を四八〜四九ページにまとめました（本文を中心に表しています）。たとえば五〇年を二〇〇ページくらいにまとめる社史であるとして、無理なくつくっていくには、約二年の期間を要します。それだけの期間がとれない場合は、個々の作業の期間を短縮したり、いくつかの作業は省略したりすることとなります。

各作業の詳細については『企業を活性化できる社史の作り方』（小社刊）や本書内のそれぞれに関連するページをご参照いただくとして、ここでは順調に進めるためのポイントについて記します。

●**方向付けを明確に**／発刊目的をはじめとする基本方針、それを具体化した編集方針、それにそってどのように作業していくのかを担当者自身が明確に理解し、周囲の方にも説明することが必要です。

●**段取り**／担当者は自分自身だけでなく、常にほかの人も社史の仕事をしてくれている状態をつくり出さなければなりません。そのためには、常に先の作業を視野に入れて現在の作業をこなすことが必要です。

●**内容の確認**／基礎データがいいかげんであると、いつまでたっても社史はまとまりません。基礎資料（たとえば基礎情報台帳・Q32参照）の事実関係の確認が甘かったために、本文を書くうちに矛盾が生じてきて解決に手間取った、重要な事項の欠落が原稿のチェック段階でいくつも判明したなどというケースを聞くことがあります。

●**経営陣による確認**／要所要所で経営陣の確認を取り付けることも重要です。特に大きな組織になりますと、現場レベルの判断、上層部の判断、経営陣の判断がそれぞれ矛盾し、方針が右に左に大ゆれすることもあります。かなり工程が進んでからの方針変更は、大幅なコストアップのもとになりますので、仮目次、原稿、デザイン見本など重要なポイントでは、その段階で考えうる一番上の階層までの承認を取り付けておくのがコツです。

最初にも書きましたように、次ページの表は「オーソドックスな社史」の場合の「標準的」な手順です。それ以外の場合は違った方法になりますので、制作会社にお尋ねください。

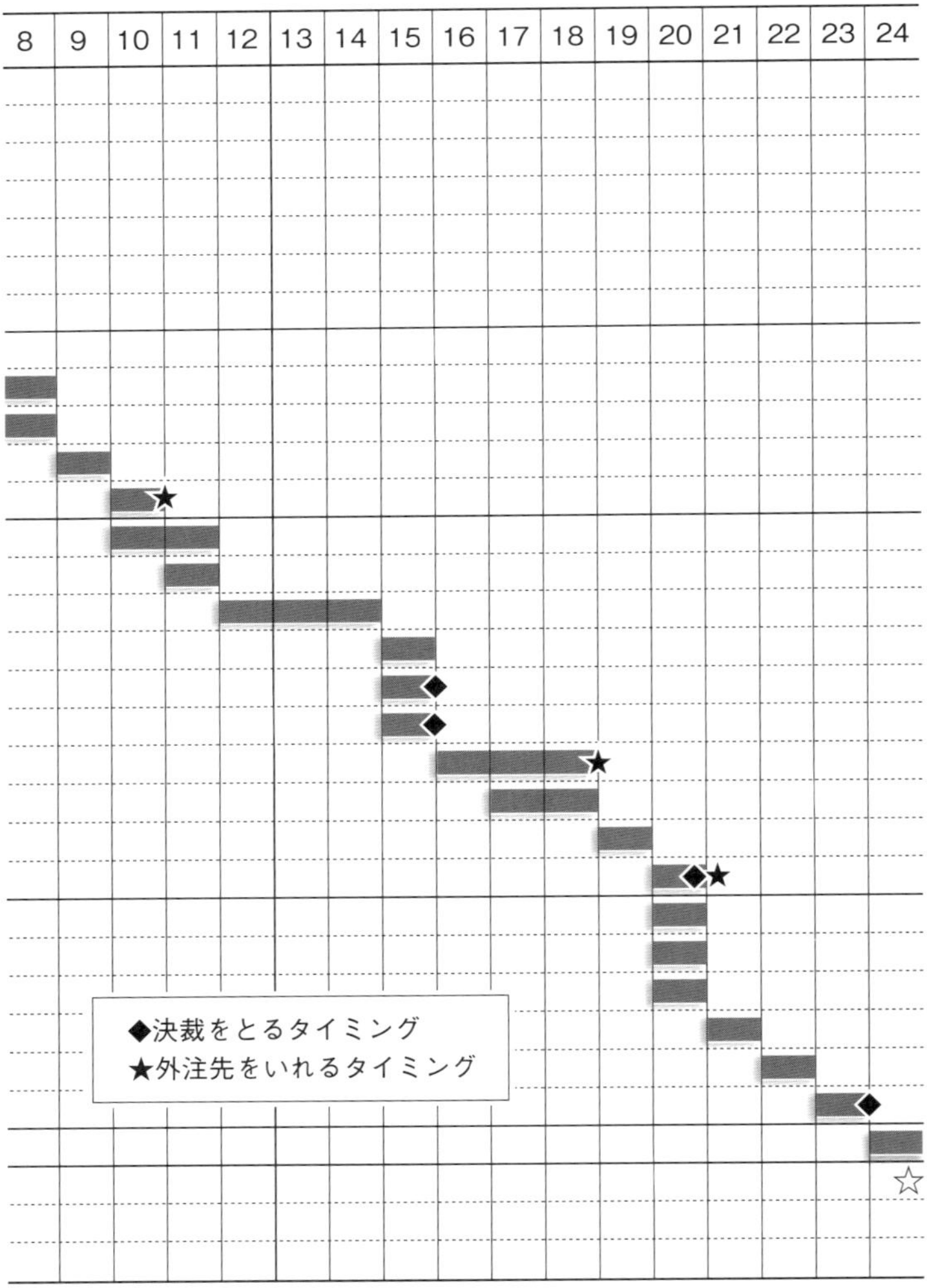
8 9 10 11 12 13 14 15 16 17 18 19 20 21 22 23 24
◆決裁をとるタイミング
★外注先をいれるタイミング

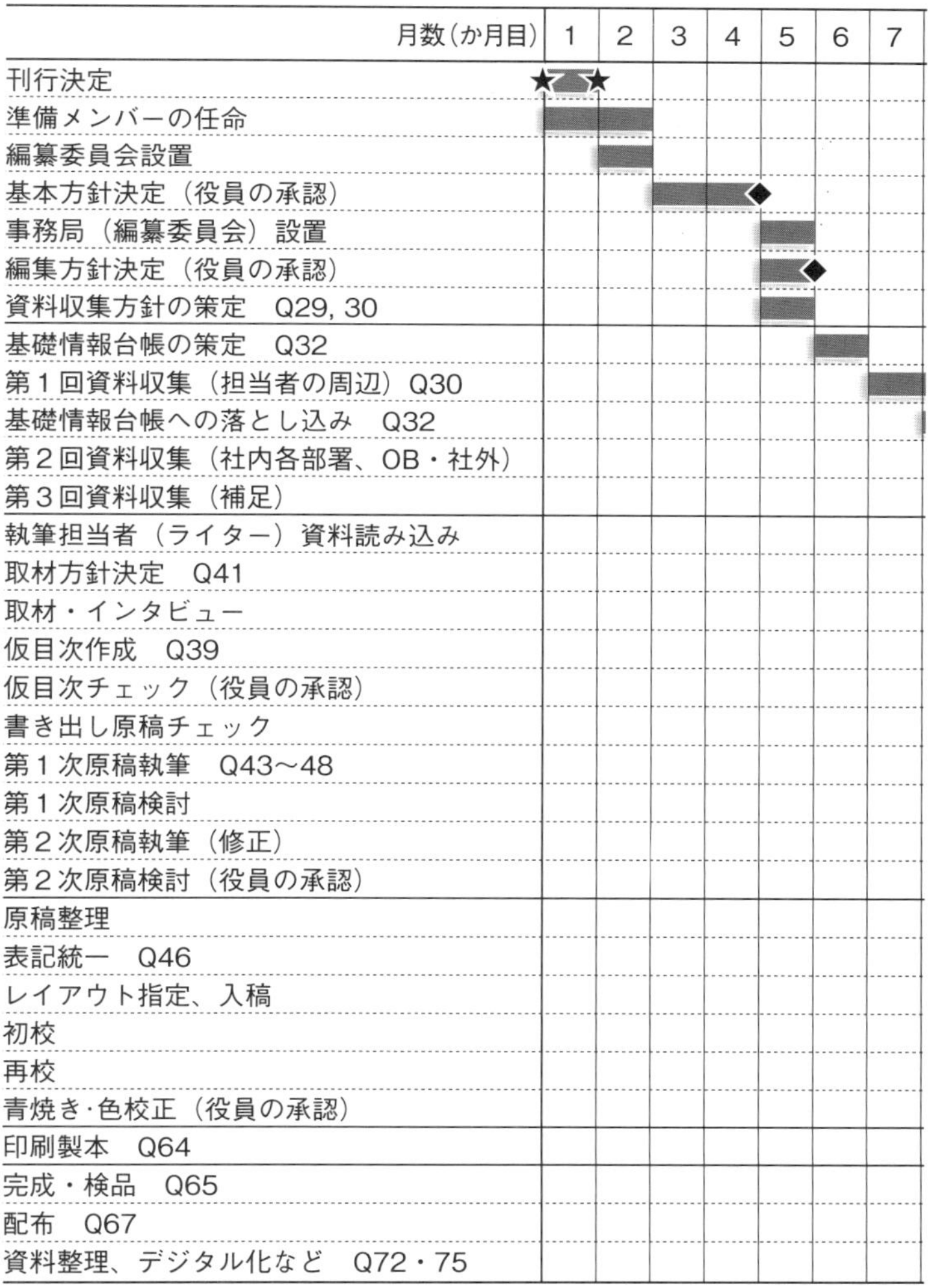
月数（か月目）
1
2
3
4
5
6
7
刊行決定
準備メンバーの任命
編纂委員会設置
基本方針決定（役員の承認）
事務局（編纂委員会）設置
編集方針決定（役員の承認）
資料収集方針の策定　Q29, 30
基礎情報台帳の策定　Q32
第１回資料収集（担当者の周辺）Q30
基礎情報台帳への落とし込み　Q32
第２回資料収集（社内各部署、OB・社外）
第３回資料収集（補足）
執筆担当者（ライター）資料読み込み
取材方針決定　Q41
取材・インタビュー
仮目次作成　Q39
仮目次チェック（役員の承認）
書き出し原稿チェック
第１次原稿執筆　Q43〜48
第１次原稿検討
第２次原稿執筆（修正）
第２次原稿検討（役員の承認）
原稿整理
表記統一　Q46
レイアウト指定、入稿
初校
再校
青焼き·色校正（役員の承認）
印刷製本　Q64
完成・検品　Q65
配布　Q67
資料整理、デジタル化など　Q72・75

▲社史・記念誌の制作手順

13 発刊のタイミングにはどのようなバリエーションがありますか？

●大きく二通り。発刊が決定してからの期間によって決めることもできます。

たとえば五〇年史であれば、五〇年を経た現在の視点から過去を振り返り記述するのが社史の原則ですから、五〇年を迎えた日を起点に編纂にかかってもよいことになります。しかし実際には、多くの社史は記念事業の一環としての役割を与えられており、一連の事業とかけ離れた時期に発刊しては、その価値も期待された効果も減殺されてしまいます。そこで、一般的に社史の発刊日は、次の二通りの基準で設定されます。

①記念式典で配る、周年記念日後の適切な時期に配る（発行日優先型）

周年記念日は、発刊の効果を最大にする絶好の機会ですから、この方法が最も効果的であるのはたしかで、よく採用されます。この場合、記載対象期間は記念日の半年前くらいまでということになります。

このバリエーションとして、周年記念式典まで掲載した後、配るという方法があります。式典写真を巻頭のカラーページに入れたり、記念日の社長訓示で本文をしめくくったりして、周年を祝うイメージをもたせるわけです。この場合も、記載対象期間は同じで、それに式典関係の記事だけを付け足すことになります。記念日（もしくは式典当日）から社史の完成まで、おおむね二か月程度のタイムラグをみておけばよいでしょう。

②記載対象期間を周年記念日もしくは周年（期）までとする（記載内容優先型）

本来の社史のあり方からすれば、記載対象期間は、周年を迎えるその日、またはその会計年度（期）までであるべきです。こう考える場合は、記載対象期間の終わりから発行日まで少なくとも半年は必要になることから、おおむね次のような設定となります。

Ⓐ周年記念日を含む年内または期内に発行する

周年の年（期）を通じて、展示会、式典、講演会、記念旅行など周年事業を行う、その一環として社史が位置付けられているケースに多くみられる設定です。この場合、記載対象期間は記念日までとされるケースが多いようです。①と同様のバリエーションとして、記念事業の内容を取り入れて編集することもあります。

Ⓑ周年の翌期内に発行する

周年の期の業績をきっちり記載して、翌期内に発行するという、原理原則に最も忠実なパターンです。史料としての厳密性を追求するならこれしかないのですが、配布の名目が立ちにくいのが難です。そこで、多くは翌年（期）の創立記念日を期して配るようです。

14 スケジュール管理のポイントを教えてください。

●全員が遅延のリスクを認識し、遅れたらまめにスケジュールを立て直しましょう。

スケジュールを遵守するためには、当初の計画をきちんと守る意識を関係者皆がもつこと、計画を守れなくなったらそのまま放置せず、正規の手続きを経て早めに現実的な案に変更する（内容を縮小する、発行日設定を動かすなど）ことなどが必須です。

日程に遅れを生じやすいのは、まずは資料収集・整理の段階です。「何を集めたらよいのか」「どこを探せばいいのか」が明確でないため、依頼された方がなかなか作業をスタートしてくれない、などが主な原因です。これを回避するには、収集依頼を丁寧かつ詳細に行うなど依頼先の立場に立った気配りをいとわないこと。また、社長名で通達してもらう、編纂事務局とは別に各部署を横断する編纂委員会をもうけて社史への参画・協力を業務として義務化する、など社史発刊の位置付けを会社として明確にしてもらう必要があります。

資料収集・整理はスケジュール遵守と同時に、正確性も重要です。スケジュールを優先するあまり「正確にはわからないがとりあえず○○としておこう」という状態で作業を進めると、いつのまにか「とりあえずの情報」が「確認済みの情報」となってしまいます。そうなると、間違いに気が付いたときは土壇場で、事実確認に奔走するといった事態も起こりがちです。

次に原稿作成ですが、社内分担執筆の場合は、まず資料収集・整理同様、業務としての位置付け、義務付けを明確にして、執筆者が時間をとりやすいようにしてあげることが肝要です。さらに、原稿を集めてから表記の仕方や用字用語の統一などで整理に時間をとられないよう、詳細な執筆要項を用意します。ライターに外注する場合は、制作会社を介してなら任せるしかありませんが、直接発注する場合は、資料提供、取材の手配など、あらかじめよく相談して、取材・執筆に専念しやすい環境づくりをしてあげることが肝要です。

社内での原稿チェックですが、分担しての作業となるので、「資料収集・整理」「原稿執筆」と同じで社業の一環としての明確な義務付けが必要です。さらに重要なのは、Q60で述べる「経営陣の確認」で、ここで大きな方向転換があると、すべてが振り出しに戻ってしまいます。

最後に、全体を通じてのスケジュール管理のポイントとして、「大きな変更はできるだけ早い段階で済ませられるように、社内チェック体制を整えておく」ことを挙げておきます。担当者としては、十分に納得のいくレベルにしてから上層部にはかりたいというのが人情でしょうが、文章と写真が揃って誌面の体裁が整ってからの企画や文章の大幅変更は、総じて納期遅延やコストアップの要因になりがちです。

15 制作会社から「今からでは間に合わない」と言われました。何とか間に合わせたいのですが。

●まずは発刊時期の再検討を。それでも間に合わないなら、内容の再考を。

発刊のタイミングも企画内容の一部ですから、何とか必要な時期に間に合わせたいものです。Q13をご覧いただければ、次善の策に思い当たるかもしれません。周年記念の式典には間に合わなくても、ほかのタイミングについてはどうでしょうか。

それでもどうしても間に合わない場合は、企画内容を再考してみます。

ある商社ではオーソドックスな社史を編纂されましたが、記念式典が会場の都合で早まってしまい、スケジュールをどうつめても式典では社史を披露できなくなってしまいました。そこで社史の内容を簡単にまとめた四ページのパンフレットを当日は配布されたそうです。そこには代表者の挨拶、写真を多用した年表、経営数値のグラフが掲載されていましたからその会社の概要がわかります。さらに、会場で配ったのでパンフレットを肴に盛り上がったり、お土産もさほど重くなかったりということで、来会者には好評だったそうです。

パンフレット程度のものでしたら、社史編纂のために集めた情報をアレンジすれば簡単に構成できますし、費用も数十万円程度で済みます。無理に社史編纂のスケジュールをつめて質を落とすとか、担当者の深夜労働が続くなどのリスクをおかすよりも合理的かもしれません。

社史編纂で時間と手間のかかるのは、資料収集と原稿執筆です。そこで資料収集の手間のかからない内容、たとえば読み物中心の社史にするのも方法です。オーソドックスな社史では文書資料を中心に記述を進めますが、読み物（経営者の伝記など）ならば、資料収集は大幅に短縮して、代表者ご本人やＯＢの証言を中心に書いていくことができます。事実関係の記録という面では弱くなるのは事実ですが、そこは発刊の目的次第です。「会社の歴史をわかりやすく書いて、ＰＲをする」目的であれば、あくまで平易で、多少のフィクションも織り交ぜることのできる読み物がふさわしいということもありえます。また、創業者の功労に報いるための、世代交代を意識した社史ならば、これも読み物であっても機能を果たせるのではないでしょうか。

情報の記録に重点をおいたものでは、年表主体の本文にする方法もあります。これは、普通は巻末に載せる年表を、項目をきわめて詳細にし写真なども組み合わせて編集するもの。年表は基本的に事実の羅列にすぎないので、事実の因果関係や意思決定の背景などが描けません。しかし、とにかくたくさんの情報を記録するには向いており、文章をまとめていく苦労も少ないことから、短期間で完成させなければならない場合には向いているといえます。

16 見積もり発注の際におさえておくべきポイントは何ですか?

●サービス、書籍仕様の両面で相手に何を期待するかをおさえてください。

①**企画の内容で比較したいとき**／必要最低限の条件だけを制作会社に伝え、自由に企画をつくってもらいます。意想外のアイデアが出てきて審査も楽しい反面、内容や値段がばらばらで比較がしにくく、好みで決めざるを得ないというデメリットがあります。

バリエーションとして、予算を伝え、それでどのような企画が出るのかを競わせることもできます。企業側にとってのメリットは、完成日と予算だけを決めればよいので準備が楽で、予算のコントロールがしやすいことです。

②**見積書で比較したいとき**／企画の諸条件を伝えて値段を競わせます。値段の高低がポイントになるため比較しやすいというメリットがあり、デメリットは、企画を社内で詳細に固めてからでないと見積もり依頼ができないということです。つまり、企画コンペの要素がなくなり、金額のみのコンペとなるため、外部の知恵を活用するメリットが薄くなるわけです。また、条件を整えるためには発注側にもそれなりの編集・印刷知識が必要になります。

タイトル	「○○社40年史」	
発行の趣旨	1）………………… 2）………………… 3）…………	
編集方針	1）………………… 2）…………	
完成時期	○年○月○日	
体裁	○○判　並製本　カバー無し ○○ページ（うち○○ページはカラー） ○○部印刷	
当社で用意するもの	写真は当社で撮影したものを使用します（もしくは「撮影の費用もお教え下さい」） 原稿は当社より支給します（テキストファイル）	
依頼する作業	1案）企画、取材・原稿作成、編集全般、デザインレイアウト、印刷製本 2案）企画、原稿チェック、編集全般、デザインレイアウト、印刷製本 3案）原稿チェック、編集全般、デザインレイアウト、印刷製本	
内容構成案	1）口絵　○ページ　当社の現況、社長挨拶 2）本文　40年史 第1章 ○年～○年 第2章 ○年～○年 第3章 ○年～○年 3）資料編　定款、売上高、利益高、役員在任期間、従業員数、年表	
その他	貸し出せる資料　① ②	

発行の趣旨を実現するために、具体的にどのような体裁としたいのか？ということです。たとえば、「文章を少な目に、写真を多くしたい」「文章は平易に読みやすく」「資料として価値あるものにするため、注釈・索引をもうける」など

1色／モノクロ
2色／黒＋コーポレイトカラー
4色／カラー
など

発注の時点で決まっていれば内容構成を示します。「この内容についてアドバイスがあればお願いします」とコメントを付けてもよいでしょう

▲見積もり発注の際のポイント（一例）

17 長期にわたる支払いの、税務上の処理方法を教えてください。

●原則は最終時に一括して経費計上します。

取引先に物品を贈答した場合の贈答品の購入費用は税務上、交際費として取り扱われるのが一般的ですが、社史の場合はこれに相当せず一般経費として認められます。社史は会社のイメージアップや広報宣伝、あるいは社員の福利厚生のために出版されるからです。経費科目は、社員に配布するから福利厚生費であるとか、対外的にPRのツールとするから広告宣伝費であるとか、あるいは配布する部数の割合に応じて福利厚生費・広告宣伝費で按分するとか、企業によって考え方も違うようです。

また、社史の制作期間は一年以上となることが多く、複数の決算期にまたがりますから、費用の計上時期が問題となります。制作費用を完成時に一括して支払う場合は、その年度に一括して経費計上するしかありません。反対に、分割して支払う場合は、原則としては前金・中間金などは仮払いであって、最終の支払い時にすべてを一括して計上することになります。諸般の事情のため各期に少しずつ計上したい場合は、契約形態などについて制作会社と打ち合わせる必要があります。

注意したいのは経営者の自叙伝の場合で、これは一般的には経費としては認められないようです。しかし、こちらも社史と同じく周年を記念して出すわけですから、会社の経費として計上したいものです。そこで、
●発行元を会社にする
●タイトルを会社の記念誌のようにアレンジする
●自叙伝の要素だけでなく会社の歴史を大幅に取り入れる
などの工夫がされることもあるようです。

ただし、たとえば発行元を会社にしたとしても、社長の趣味の画集などは経費としては認められません。経営者の個人伝の要素が強くなると、税務上は注意を要するということです。

以上は一般論ですので、詳細は税理士・公認会計士・税務署などにお問い合わせください。

18 編纂に必要な仕事の種類を教えてください。

●膨大な種類の仕事がありますが、手順通りに進めれば心配はありません。

左の表をご覧ください。ずいぶんたくさんの仕事がありますが、これでも本文を中心に表していますので、口絵、資料、年表などについて詳しく書くことにすると、もっと仕事量は増えてしまいます。大変膨大な仕事量であり、関係者の力を総動員して要領よくこなしていかなければならないのですから、担当者のコーディネーターとしての力量が問われます。段取りを間違えると極端に能率が悪くなったり、収拾がつかなくなったりすることは、ほかのページで述べました。

膨大なこれらの作業のうちのほとんどは制作会社に委嘱することもできます。社史は発行者のものですから、基本的な方向付け・決裁、それから社内での資料収集は外部の者にはできませんが、それ以外のことならば、ほぼすべて代行することができるのです。

編纂委員会（意思決定機関）と編纂事務局（実務機関）の役割分担についてはQ19でふれます。

作業内容	発行者側の役割	外注先が代行できる仕事
企画立案	・下調べ（リサーチ） ・基本方針、編集方針決定 ・５Ｗ＋３Ｈの検討、決定（コスト、スケジュール、社内担当者、外部協力者決定。編纂室設置）	・検討用資料、企画原案の提出
情報や写真の収集・整理	・収集計画立案、社内外で収集作業 ・情報・資料の収集・整理 ・資料・情報の整理結果チェック ・情報不足部分について追加収集	・収集計画案の作成 ・整理結果のチェック
内容構成確定	・書籍全体の内容構成案作成および検討・決裁 ・本文仮目次作成・検討、決裁	・書籍全体の内容構成案作成 ・本文仮目次作成
取材・原稿作成	・取材対象者、日時セッティング ・取材・原稿作成	・取材・原稿作成
原稿検討 原稿修正	・構成原案との突き合わせ、相違確認 ・事実関係のチェック ・記述内容のもれチェック ・誤字・脱字・不統一のチェック ・用字用語、その他原稿不具合チェック ・最新情報・資料の入手 ・修正作業 ・委員会決裁	・構成原案との突き合わせ、相違確認 ・事実関係のチェック ・記述内容のもれチェック ・誤字・脱字・不統一のチェック ・用字用語、その他原稿不具合チェック ・修正作業
写真撮影	・日時セッティング ・写真撮影	・写真撮影
資料編構成の決定 資料編原稿作成	・構成案の検討、決裁 ・資料・年表の原稿作成 ・原稿チェック	・構成案の作成 ・原稿チェック
編集・レイアウト	・デザイン・レイアウト見本承認 ・原稿再確認(誤字・用語統一) ・原稿・写真レイアウト	・デザイン・レイアウト見本作成 ・原稿再確認（誤字・用語統一) ・原稿・写真レイアウト
校　　正	・校正の確認 ・修正指示 ・最終決裁	・校正の確認 ・修正作業
印刷・製本	・発送準備 ・刷り出しチェック ・検品	・刷り出しチェック ・検品
完　　成	・発送業務 ・資料の保管	・発送業務

▲社史編纂の作業の流れ

19 編纂事務局の仕事とはどのようなものですか?

●情報収集、素案づくり、根回しなど、〝縁の下の力持ち〟です。

編纂事務局の仕事のあらましを次に記します。

①**素案づくり**／素案となる企画や編集方針をつくって編纂委員会に提案したり、決裁を受けた事項について作業を進めたりします。会社を熟知した担当者が中心になって情報を集め、衆知を結集して企画をつくり、吟味していく必要があります。なかでも最大のポイントとなるのは、どのような目的で、どういう社史をつくるのかという基本方針です。最初に社史に対する期待事項などについて、経営トップにヒアリングしておくのが常道です。

②**資料集め**／方針の策定、整理の実作業は外部のアドバイスを受けるとしても、収集作業そのものは社内でこなさなければなりません。社外秘の書類なども対象になる社史の資料収集・整理は、原則として外部の者に任せることはできません。

③**取材の手配**／社内、社外を問わず、取材先への依頼は、編纂事務局からすべきです。いきなり制作会社や外注ライターから、御社の名前で取材依頼が来るというのは、受けるほう

は不安ですし、失礼にもなります。そして当日の立ち会いも、可能な限り実行してください。取材内容を知っていることは、編纂担当として以後の作業に有益ですし、何より取材を受ける社員やＯＢの方がリラックスして応対できます。

④**制作会社との窓口**／会社の要望をとりまとめて制作会社に提案や見積を求めたり、制作会社との合意に基づいて社内側の調整をしたりします。

⑤**原稿やデザイン、レイアウト、掲載写真に対する校正の意見調整**／社内各部署に確認を依頼し、できるだけ予定期限内に回収し、納期に影響しないようにします。ときには、修正指示が部署間で矛盾してしまうことが多々あります。その場合の調整や統一案づくりも事務局の仕事です。

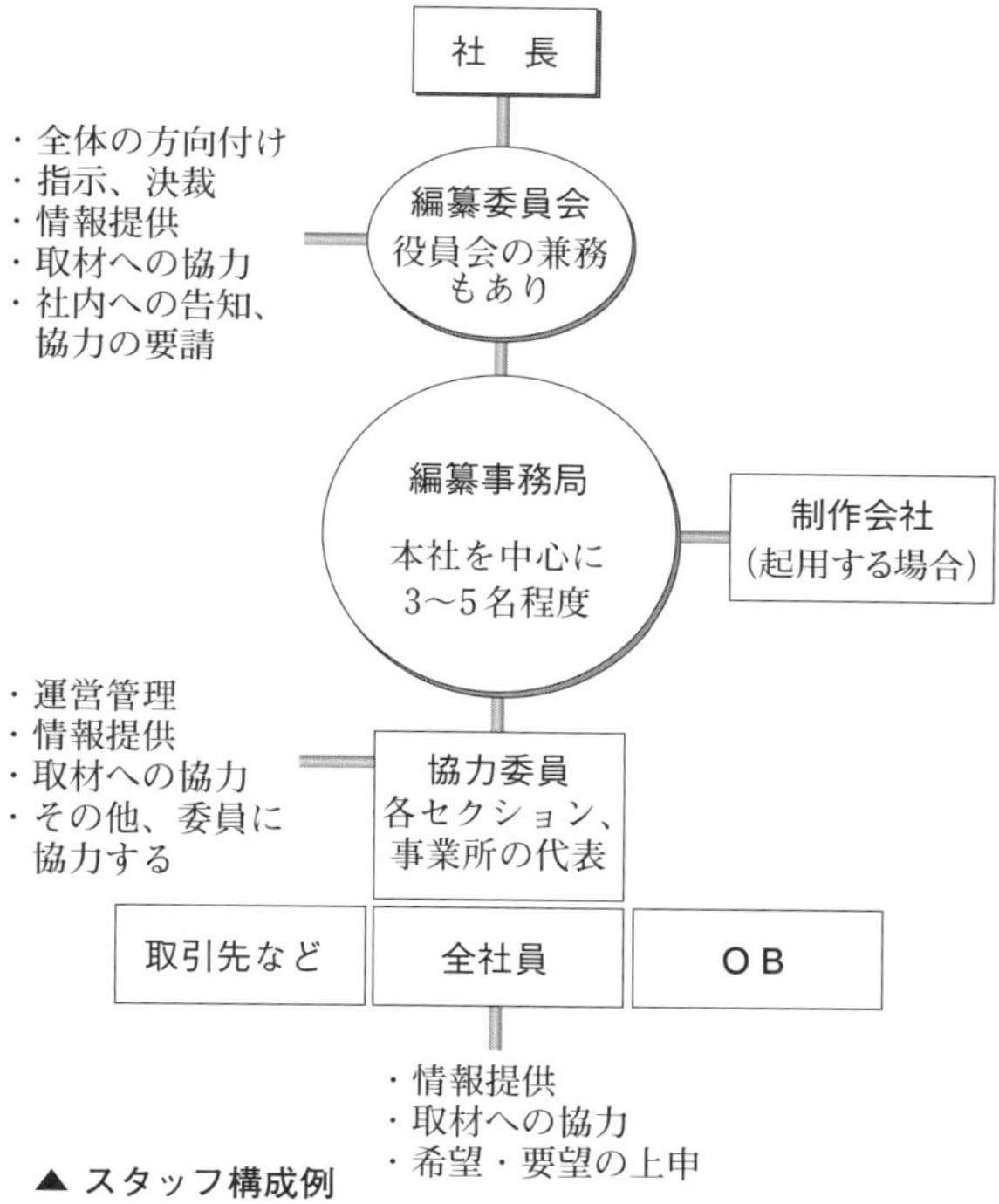

▲ **スタッフ構成例**

20 社史編纂のために時間を割けない(割いてもらえない)のですが。

●会社にとっての社史編纂の位置付けを全社で共有してもらうことが第一歩です。

昨今はどの企業でも、間接部門の人員が絞られる傾向があるため、社史編纂についても、担当者が本業の合間の時間をぬって作業を進めているというのが通例で、「社史編纂のための時間が確保できない」「要員を割り当ててもらえない」「各部署に検討を投げかけてもきちんと対応してもらえない」などの悩みを抱えておられます。

これらの問題への特効薬はありませんが、まず担当者ご自身の工夫としては、編纂の工程ごとにどれくらいの労力を要するかを、スケジュール表と企画書をもとに見通してみることが挙げられます。工程はおおむね、企画→資料収集・整理→取材・原稿作成→デザイン・レイアウト→印刷製本というプロセスをたどりますが(詳しくはQ18)、どの工程も同じ程度に忙しいということはありません。たとえば、資料収集・整理段階では割合に手数を要しますが、原稿執筆担当者が取材・原稿執筆をしている間は、事務局はさほど忙しくはありません。こういった繁閑の波を事前に予想して、ご自身の本業の繁閑とうまく組み合わせて一部の作業を前倒ししたり、あるいは時期ごとに事務局の増員を要請したりすることによって、なんとか乗り切れるめどが立てられるかもしれません。

それでも要員が足りそうにない場合は、どの作業まで外注できるかを考えてみます。デザイン・レイアウトと印刷製本はたいてい外注となりますが、その前の作業である原稿作成、企画原案の作成も外部の制作会社で対応できますし、資料収集・整理の部分にも対応できる制作会社もあります。

次に、「検討を投げかけてもきちんと対応してもらえない」については、経営層から社史編纂への協力呼びかけを正式に出してもらうことでしょう。社内での社史の位置付けを明確にし、依頼された方たちが社史の検討に時間を確保してもらえるようにします。これができないと、担当者だけが孤軍奮闘することになります。全社を横断的に動員するこういったサポートは経営層にしかできない仕事です。もちろん、サポートを依頼する以上、経営層や編纂委員会に定期的に成果を報告するルールづくりも欠かせません。こうして社史編纂の意義を関係者間で十分に共有してこそ、スムーズな工程管理が可能になるというものです。

21 担当者はどのような資質が求められますか？

●一言で表すならば、調整力と見識です。

社史担当者に求められる資質や能力には、次のようなものがあります。

①内外の関係者をうまく使えること

社史編纂にあたっては多くの人の知恵、情報、考え方が交じり合います。それだけに気遣いも多いのですが、社内の人、社外の協力者をどううまく使いこなすかは、社史に大きく影響します。社史の仕上がり具合も編纂事務局の調整能力に大いに関係してくると言わざるを得ません。

②内外にものの言える人であってほしい

調整能力と同時に、言うべきことは言える、ということも必要です。たとえば、編纂の方針が、周囲の影響を受けて猫の目のように変わったのでは、内外に不信と不安を与え、結果、コストも増えるという事態を招きかねません。いろいろな面で影響も大きいので、内外に対して、ときには丁重にお断りをするようなことも必要になってきます。そうでないと、中途半端な社史になることもあるわけです。

③企業組織と沿革、業界のことを知っている人

このような要件を満たそうとすると、会社や業界のことに通じている人、つまりある程度年配の方ということになります。また、社外に対しても、失礼のないように、依頼事をしていく、あまり強引にならないように交渉をしていく、ということも多くなりますので、そういう社外とのお付き合いも経験してこられた方が適任でしょう。

④クリエイターであり、編集者として、志をもって

長い編纂期間中にはさまざまな出来事が起こります。それでも、担当者が情熱を忘れず目的をもって進めていくなら、順調に仕上がっていきます。当社のお客様にお聞きしますと、社史編纂の感想として「ものづくりの面白さを味わえた」と答える方がかなりおられます。編集者として、クリエイターとしても自覚をもっていただきたいものです。

こう書いてみると実に条件が多いわけですが、すべてを完璧にこなせる人がいるはずもありません。リーダーとなる方はなるべく①～④を兼ね備えてもらうのがよいのはもちろんですが、それ以外のメンバーについては、お互いに補い合っていけばよいのではないでしょうか。複数人でチームを組み、役割分担をすることが多いのも、そのあたりが理由でしょう。

22 どうしても編纂室を確保しなければならないのですか？

●編纂室があるのとないのとでは、能率が格段に違います。

編纂室（社史のためのスペース）の機能として、まず第一は資料の整理・保管が挙げられます。

社史編纂が始まるとまず、集められてきた資料をどこに保管するかということが現実問題として浮上してきます。そこで「とりあえず総務部長の机の横や総務部の戸棚に収納」などとなりますと、すでに場所を占めている日常業務の資料と混ざり合ってしまいます。なかには要返却の写真などもあるわけで、そのような貴重な資料を扱うときに専用のスペースがないということでは、資料提供の協力も得られにくくなります。また、資料を調べる場合も周囲に遠慮をしながら作業することになるので、非能率的です。

次に、編纂室は、集められた資料をチェックしたり基礎情報台帳をつくったりといった作業のためのスペースでもあります。こういった作業には書類を広げたり並べたりするスペースがないことには、仕事がはかどりません。打ち合わせについても同様です。

さらに、編纂室を設置すると社史の事業が社内で認知されやすいということもあるでしょう。社史の仕事はどうしても日常業務にプラスした「よけいな仕事」と思われやすいものです。担当者自身も、「会社の事業とは直接の関係がない仕事」ということで、なんとなく後ろめたいような気持ちで、机の下でごそごそと作業をするような感じになりがちです。担当者は熱心でも、周囲が今一つ気乗りしないこともあります。そんな場合、会社として社史に取り組んで編纂室をおいているのだという姿勢を見てもらうことができれば、かなり対応も変わってくるようです。

最後に、社史担当者にはかなり忙しい方も多いわけで、そういった方にとっては、編纂室は〝避難所〟にもなります。自分の席ですと、ついつい日常業務のことに意識がいってしまったり、電話がかかってきて対応せざるを得なくなったりして、社史に集中することができません。

什器備品としては事務机が二台、資料を収納するロッカーやキャビネット一～二棹、電話一本はほしいところです。後はパソコンとかファックスなどがあれば便利です。

23 外部業者にはどこから入ってもらうのがベストですか?

●最初から相談にのってもらうと、コストはかかりますが安全です。

社史の発行者が印刷会社である場合以外は、少なくとも印刷製本は外注しなければならないわけですが、それ以前の段階では、いくつかの適切なタイミングがあります。

①社史発刊が決まる前

この段階では社史を発刊することのメリットや、そのためにどれだけのコストを払わなければならないか、など発行者自身では明確にわからないことも多いはずです。この試行錯誤の段階では、やはり専門家に意見を求めるのが効率的です。多くの場合、相談費用などは発生しません。

②社史発刊が決まったとき

資料収集の段階から制作過程全般についてアドバイスを受けながら進められるというメリットがあります。この段階から専門家を呼ぶときは、見積書・企画書を提出してもらって、正式に制作を委嘱することになります。しかし、必ずしも編纂の方向性が確定していないことが多く、正確な見積もりになりにくいので、当社の場合では、Q6に記しました「5W+3H」についてどの程度明確になっているのかをうかがい、その答えによってご協力の仕方を変えております。

③資料収集が一段落したとき

資料収集を通して社史に対する考えが明確になっていくことが多いですから、制作会社に企画案を提出してもらうにしても、方向付けがしやすいのがメリットです。また実際の資料に基づいて立案できるメリットもあります。

ここから外注先に委嘱する場合は、原稿作成も外注する場合と、原稿作成はあくまで内部で行う場合とがあります。

④原稿作成が一段落したとき

社内のスタッフだけで原稿を書くと、内容に過不足があったり、社史の原稿の要件に欠けるところがあったりするリスクがあります。ここで外注スタッフを導入すると、原稿内容のチェックをしてもらえるという大きなメリットがあります。単にチェックだけを依頼する場合と、不具合なところを加筆修正してもらうリライトをも依頼する場合とがあります。

このように制作会社に発注するタイミングはいくつかあり、メリット・デメリットがあります（Q24も合わせてご覧ください）。

24 社内で全部行うのと、ほとんど社外に任せるのとでは、メリット・デメリットはどうですか?

●社内ですべて済ませると、大成功もありますが、失敗もしやすいです。

Q18に、社史を編纂するのに必要な作業の一覧を掲載しましたが、これらはすべて、社内でこなすことが可能です。ただし初めての経験ですから、適切なガイド役(制作会社)がいれば効率的で失敗のリスクが少ないということです。反対に、外部の者には絶対にできないことがいくつかあります。「どういう社史がほしいのか」を決めること(方向付け、決裁に類すること)と、社内での資料収集です。

すべて内部で制作する場合の最大のメリットは、納得がいくまで念入りに編纂できるということでしょう。特に本文を記述する際には「会社として主張したいこと」「あまりふれたくないこと」といったかゆいところに手が届く編集ができます。不況期の人員整理について「その後の調査により、立ち去らざるをえなかった方々が、すべて次の活躍の場を見出すことができたことがわかった。心の痛むなかにも喜ばしいことであった」と書かれた社史を目にしたことがありますが、このような社風がにじみ出るような感情のこもった記述は、社内

	すべて内部制作	外注先を活用
費 用	◎安い。印刷費＋デザイン費だけなので、外部に出る経費は安い。ただし、制作にあたる社内の人件費を考えると割高になることもある。 ×制作途中で企画に変更が起こったとき、費用の増減が確認しにくい。	△コストがかかる。（企画費＋執筆費＋編集費＋デザイン費＋印刷費） ◎費用の変動について常に確認をとりながら進めることができる。
スケジュール	△大きくずれることがある。	◎大きくずれることは少ない。
内 容	◎内部事情に十分配慮しながら、専門分野につっこんだ記述ができる。 △客観性に欠ける傾向あり。 △出来上がりにばらつきあり。 △見栄えのよいものはつくりにくい。 △読者対象が社員に限定された内容になりやすい。	△内部の事情に詳しくないので、記述内容の調整に工夫と手間が必要。 ◎客観的に記述できる。 ○平均的なレベル以上のものは期待できる。 ○（予算によるが）見栄えはよい。 ◎外部の読者を視野に入れた内容を可能にする。
労 力	△原案づくり、検討、決裁、進行・費用の管理がすべて内部スタッフの負担。	◎原案づくり、進行・費用の管理は外部スタッフが分担できる。

▲内部制作と外注のメリット・デメリット

執筆ならではです。このような書き方は、外部の者にはまずできないでしょう。反対に、悪いほうに作用すれば、自己満足、我田引水に陥りがちです。

基本的に外部に委嘱する場合のメリットは、スケジュール・品質などの面で一定水準を期待できることです。この場合の品質とは、「誰がみても一定の水準」ということです。内部作成は家庭料理の味、外部作成は料理屋の味、とお考えください。

25 制作会社を選ぶときのポイントや、うまく付き合うためのポイントを教えてください。

●社史のノウハウがあることが第一条件です。

当社は「社史制作は誰にでもできるものではない」とは考えていません。本書をお読みいただければわかるように、作業の要諦は「5W＋3H」など日常業務におけるそれと大差はありません。ただ、社史には社史なりのルールがあり、また陥りやすい陥穽もあるので、すべて自前で進めようとすれば、それなりの試行錯誤を覚悟しなければなりません。

その意味で、制作会社を利用する第一の理由は、社内に社史についての経験がとぼしいから、上手にリードしてくれる相手を必要とするということではないでしょうか。だとすれば、制作会社を選ぶ第一の条件は、社史についての経験が豊富であるということになります。経験が豊富だというのは、その会社がそれだけ実績を積んでいるということです。ある会社が制作会社を使って社史をつくった。その社史の出来が良かったので、顧客会社が別の会社に紹介した、あるいは社史を見た別の会社がその制作会社に依頼した。そのような積み重ねで経験が豊富になっていきます。

また、経験が豊富だということは、「失敗もたくさん経験してきた」ということを意味します。どのような制作会社も、初めから完璧というわけにはいきません。しかし失敗の経験は必ず次に活かしていくわけで、ある意味では制作会社に依頼するのは「失敗の経験も買う」ということだとも思います。

・社史についての制作キャリアがある。
　ノウハウが体系化できている。
・見積の細目についてきちんと説明ができ、
　コスト管理についてのノウハウがある。
・契約書を用意している。
・書籍印刷についての管理が行き届く。
・わが社の社風に合う（社風を理解してくれる）。
・社史を執筆するライターを豊富にもっており、
　ライター管理も行き届いている。

▲ 外注先を選ぶときのポイント

次に「見積書の細目について明快に説明できる」「契約書に類するものを用意している」ことも条件です。社史編纂のサービスも、制作会社と依頼主のあいだのビジネスですから、費用とサービス内容の関係が明確でなければなりません。社史編纂は時間がかかるので、途中で仕様が変わることも多く、その際に最初のスタート点が明確でないとトラブルになりやすいのです。

制作会社とうまく付き合うためのコツですが、これもとりたてて特殊なものはありません。社史編纂のお手伝いは物品の販売とは違って、ソフト面のサービスの提供ですから、できるだけ相性のよい相手を選ぶことをおすすめします。後は、制作会社を有効に活用するには、「どうやって知恵や経験を引き出すか」ということに留意されればよいでしょう。

26 社史にはどのような記事を入れたらよいのですか?

●「口絵」「本文」「資料編」が基本です。

記事の種類は多岐にわたりますので、一言では表せません。次ページから七九ページにかけていくつかのタイプの社史の目次を、八〇～八一ページに社史に盛り込まれる記事の種別を網羅した表を掲載しましたので参考にしてください。その内容は次の①～③に大別されます。

①口絵（カラーページ）／会社現況紹介、製品紹介、写真で見る歴史など

②本文／会社の沿革、（場合により）対談や座談会

③資料編／経営の歴史を数字で跡付けるグラフ類、年表

どのような記事を入れるかは、社史発行の目的などに照らし合わせて企画しますが、あまりいろいろな記事を入れすぎても雑然とし、読者からみると発行の意図がわかりにくくなります。そのような場合は、「創業者伝」と「会社の歴史」のように切り離します。

それぞれの記事の詳細については、本書一四二～一五五ページでも述べています。

構成	内　容	頁数
口絵	**《口絵》**	20
	1) 各部門の実績写真	
	2) 研究所のシステム写真	
	3) 会長、社長あいさつ	
目次	**目次／凡例／参考文献**	8
本文	**《本編》**	242
	第１部（創業から30年間の要約）	(82)
	第１章　国土復興の夢を抱いて創業	
	第２章　海外事業展開と国内基盤の拡充	
	第３章　多角的に事業を展開	
	第４章　新事業体制と新たな発展	
	第２部（最近20年間のまとめ）	(160)
	第１章　安定成長目指し堅実経営	
	第２章　変革への挑戦	
	第３章　21世紀を目指して	
資料	**《資料編》**	32
	1) 原始定款、現行定款	
	2) 現役員写真	
	3) 歴代社長写真	
	4) 役員任期一覧	
	5) 資本金の推移	
	6) 株主資本・総資本の推移	
	7) 売上高・当期利益の推移	
	8) 組織図	
	9) 従業員の推移	
	10) 有資格者数一覧	
	11) 主要事業所、国内事業所、海外事業所	
	12) 事業所一覧、関連会社一覧	
	13) 年表（経営一般事項、各部門の受注案件、国内外のできごと）	26
後付	編纂を終えて／奥付	2

▲ **構成例１**　土木コンサル50年史　B5判　330頁（カラー20頁、1色310頁）
以前に出した30年史をどう取り込むかがポイント。

構成	内　　容	頁数
口絵	**《口絵》** 1) 扉 2) 取扱い機器・製品写真 3) 社長、相談役あいさつ 4) 50周年パーティ写真 5) 現役員集合写真 6) 社屋写真	16
目次	**目次**	4
本文	**《本編》**	108
	第１部「誕生から離陸、飛翔へ」	(20)
	第２部「半世紀の軌跡」 第１章　創業時代 第２章　躍進のための助走 第３章　経営拡大、基盤も着々固める 第４章　躍進へ本格的テイクオフ 第５章　技術の高度化と大型受注の時代 第６章　広範なネットワークを構築した営業拠点群 第７章　スキのない人事制度と教育体系 第８章　顧客志向の徹底・間断なき革新	(88)
座談会	**座談会** 「創業の頃」（社長、専務と顧問の計５名） 「21世紀に向けて」（各部の部長、営業所長の計８名）	18
寄稿	**思い出の商品たち** （懐かしい商品にまつわるエピソードを当時の担当者が語る）	6
その他	**50周年記念アンケート**	10
資料	**《資料編》** 1) 定款 2) 会社現況 3) 組織図 4) 歴代役員任期一覧 5) 総売上高の推移 6) 経常利益の推移 7) 資本金の推移 8) 従業員数の推移 9) 受賞一覧 10) 年表（当社事項、業界動向、社会一般）	18

▲ 構成例２　商社50年史　B５判　180頁（カラー24頁、１色156頁）
創業者の自伝としてしか扱えない時代は、個人の回顧中心に第１部で記すよう構成した。

構成	内　　容	頁数
口絵	**《前口絵》** 1) 扉 2) 全社員紹介 3) 会長、副会長、社長あいさつ 4) 現役員集合写真 5) 発刊に寄せて（監査役、前社長、元常務の言葉）	11
目次	**目次** **題字の説明**	5
本文	**《本編１》**	56
	第１部「40年の歩み」 会社創立／創業から助走へ／次へのステップ／飛躍をめざして／21世紀へ向けて／技術の歩み	(30)
	第２部「40年を振り返って」 1) 入社年度の40の話題 （各入社年度の社員によるその年の思い出 ── 40名） 2) 家族が語る （社員の家族による思い出 ── 10名）	(26)
口絵	**《中口絵》** **自然災害の写真**	8
本文	**《本編２》** **第３部「自然災害40年とわが社」**	74
	1) 年表（自然災害被害状況、当社事項、一般事項）	(31)
	2) 各店所の代表現場（対策工事概要やエピソード）	(43)
資料	**《資料編》** 1) 会社現況 2) 役員在任期間 3) 組織変遷 4) 店所の変遷 5) 自己資本合計・完工高 6) 経常利益・社員数 7) 研究発表会、研修会、特許・実用新案登録、保有コンピューター覧表	24
後付	**奥付**	2

▲構成例３　土木会社40年史　B5判　180頁（カラー16頁、１色164頁）
家族も読者として意識し、親しみやすさを追求。一方で専門性も忘れない。

構成項目		構　成　内　容
装 丁	表紙カバー・ケース・表紙	●タイトル・企業名・社章・周年数
	見返し	●印刷しない場合が多いが、地域の地図や企業を象徴するような図版、イラスト、航空写真などを入れることがある
	本とびら・中とびら	●タイトル、企業名、周年数、シンボルマークなど
前 付	序文・前書き・謝辞	●企業の代表者の執筆による
	目次	●口絵目次、本文目次、資料編目次
	祝辞・監修のことば	●祝辞は取引先代表者（仕入先、販売先など）、関連団体代表者など3～4名。監修は、親しい学識経験者などに内容確認をしてもらって監修の言葉とする
	凡例	●編集上のルール、書籍制作上の決まりごと、本書を理解するうえで知っておくと便利なことなどを表記する
口 絵	イメージ写真	●会社の象徴的な写真、企業イメージを読者に伝える写真
	写真でみる歩み	●会社の足跡を概観できる写真を掲載（人、もの、テーマ、プロジェクト、時代背景などを含む）
	会社の現況	●現在の会社の状況、概要
	企業環境や社会との関わり	●企業活動や企業の社会活動が社会のなかにどう生かされているかがわかる写真など
	商・製品環境と社会との関わり	●会社の商・製品の歴史と、それらが社会のなかでどう役立っているか、商・製品を通じて、社会に対し、会社がいかに貢献しているかなどがわかる写真
	テーマ写真	●特に目立った業績、プロジェクト、テーマをまとめて掲載する場合

本 文	企業の足跡	●会社の歩みを業界、社会、時代背景のなかで捉え、その足跡を明らかにする ●企業史、経営史、人物史、営業史、技術史、企業文化史、業界史、産業経済史、社会史、世相史などを含む
	テーマ別に足跡をまとめる	●会社の歩みと業績を、年次ごとでなく、テーマ、プロジェクトごとにまとめて掲載する場合
	部門ごとに足跡をまとめる	●会社の歩みを、全体でなく、各部門ごとにまとめる場合
資 料	社内資料	●社内の資料で、後に記録し、継承すべき大事な資料、計数関係を掲載する
	業界資料	●業界資料も、会社の歩みをみるうえで必要なものは掲載する
	年表	●会社の歩みを箇条書きでまとめて掲載する。会社の歩み、業界の歩み、一般政治・経済を併せて掲載すると理解しやすい
後 付	あとがき・編集後記	●編纂委員会委員長が書く場合が多い。発刊に至った経緯、プロセス、工夫点などを記述
	参考資料リスト	●社史をまとめるのに、参考にした社外資料、書籍、または転載したものを表記しておく
	索引	●固有名詞（もの、人物名）、テーマなどで検索できるように作成する
	奥付	●発行年月日、発行人名・所在地、著作権者、制作者などを表記する
	スタッフリスト	●社史制作に携わった人のリスト（社内外の人物を記録しておくと後に便利）

▲ 社史の構成内容

27 文字ばかりの社史は、今どき流行らないのではないでしょうか？

●「文字ばかりで読まれにくいのでは？」は間違った悩み方です。

たしかに〝活字離れ〟が言われる昨今ですから、文字ばかりでは読まれないだろうというのは深刻な悩みであるかと思います。

ところで、御社が必要とする社史は、活字に親しんでいない人々が読者の中心となるのでしょうか？　その確認がまず第一です。もし主要な読者を中堅社員以上にしぼって会社の歴史をしっかりと伝えたいという社史ならば、文章中心にならざるを得ないでしょう。

限られた人でなく、より多くに読まれたい場合は、写真をたくさん掲載するのが一番手っ取り早い解決法です。写真はイメージを伝えるのに適しますし、見た目にも親しみやすい印象を与えます。写真を多用してはいても、依然として文章が中心であるものや、もっぱら写真を中心に構成する写真集まで幅がありますが、後者の方法では、史料としての価値は減じます。

小手先の方法ですが、表紙のやわらかい並製本にすると、本を受け取った人がとりあえずパラパラとめくってくれるというメリットはあるようです。

企画そのものに目を向けると、史実の記録を中心にした社史ではなく、「お話」風に歴史をまとめる方法もあります。大阪のある製菓会社さんでは、「堅苦しい話はしたくないので」ということで「物語」と銘打って文庫判の社史を出されました（一八二ページ参照）。これは文章中心ではありますが、文庫判という社史としてはユニークな体裁と、小説のような親しみやすい文体が特徴的です。

さらに大胆な例として、創設者の伝記をマンガで表した社史が当社の実績だけでも数例あります。マンガになると歴史全般についてふれることはかなり難しく、あるテーマ（創設者の志など）にしぼってストーリーを展開することになりますが、新入社員にとっては格好のテキストになるようです。マンガを活用した事例では、このほかにも、製造現場探訪のマンガを取り入れた例や、一般的にコラムで扱うようなヒューマンエピソードを四コママンガにした例などがあります。いずれも親しみやすさを狙った企画です。

いろいろ述べましたが、要は会社としてどのような効果がほしいのかを明確にし、そのためにはどうあればよいのかを考えることが肝心なのです。

28 以前の社史がカバーしている年代の記事はどう扱ったらよいですか？

●「ダイジェストする」「極端に短くする」「最初から書き直す」の三通りです。

以前に出した社史でカバーしている年代の記事を、今度の社史ではどう扱うべきかで悩むお客様は意外に多いものです。二回目以降の社史においては、次のような考え方があります。

①前社史の続編が現社史であると考える。

Ⓐ前社史のカバー範囲は要約（○年史抄、○年略史）とし、それ以降を中心にまとめる

Ⓑ前社史のカバー範囲には（ほとんど）言及せず、それ以降を中心にまとめる

②最初から沿革をまとめ直して「通史」とする。

今回が五〇年、一〇〇年など区切りのいい周年ならば、②の「通史」を選ぶケースが多いようです。やはり、区切りのいい時期には改めて創業期からまとめ直した「正史」という体裁にしたいということでしょう。前社史がカバーしている時代は、前社史の内容のみを基準として（再取材はせず）今の視点で再構築するケースと、改めて一から検証し直すケースがあります。

一方、一〇年ごとに社史をつくっている場合や、今社史が三〇年史、七〇年史など、中途半端な周年のときなどは、①の続編型、つまり前社史でカバーした範囲は要約（ダイジェスト）して書き直すという方法が最もポピュラーです。要約の程度については、各社それぞれのようですが、判断のポイントは、今現在から見て当該期間がどれくらいの重要性をもっているかという点にあります。要約にあたって事項を取り上げる際の基準も、「今現在まで継続性のあるもの」「現在の事業の萌芽であるもの」ということになります。基本的には、あくまで現在の視点で内容の取捨選択をしていくわけです。そのため、簡単に要約することが難しい場合もありえます。たとえば、ある金属メーカーさんの四〇年史では、以前の三〇年史で「中興の祖」と評価された経営者に関する記述を大きく書き替えられました。ある時代環境のもとで評価される事柄であっても、時代が変わるとマイナスとなってしまうこともあるのです。

以前の社史のカバー範囲にはさほど紙幅を割かないという①のⒷの方法もあります。関東のあるメーカーさんの七五年史（全一二〇ページ）では、以前に出した五〇年史の範囲は、八ページ程度の年表で表現されました。事業の推移からみると、五〇年以前はほぼ「一くくり」にしてしまっても支障はないという判断だったようです。

ただし、前社史のカバー範囲をまったく書かないのは、当社の知る範囲では例を見ません。今社史の記述内容の由来やその背景がわからず内容の理解が難しいというのが理由だと思われます。

〝面白くてためになる〟社史づくりを目指す！

朝日放送株式会社
総務局専任局長　岩本靖夫 様

●たっぷりと時間をかけて資料集め

当社は創立一〇周年のときに「写真集」を制作し、そのときに収集した資料をもとに『一二年史』を刊行しましたが、本格的な社史はありませんでした。そこで創立五〇周年記念事業の一つとして、朝日放送半世紀の歩みを記録した社史を編纂しようということになりました。私たちは、社史は退屈なもの――という定説を打破しよう、〝面白くてためになる〟社史として誰にでも喜んで読んでいただける社史をつくろうと考えました。

当社を呼ぶときに「民放の雄」と言ってくださることがありますが、私たちも戦後いち早く発足したラジオ・テレビ兼営の放送局という誇りを傷つけないよう、また、資料的にも価値があるものをつくろう！　という意気込みで構想を練り始めました。十分な時間をかけて完璧に近い資料を揃え、胸を張って世間にお届けできるものを……と思って発行の四年前、平成八年に社史編修室をスタートしましたが、ことはそれほど単純ではありませんでした。

まず、「声をかければ資料はある程度集まるだろう」と安易に考え、社内各部署やＯＢの方々に資料提供の呼びかけを行いましたが、各部署では資料の散逸が目立ち、個人手持ちの資料はたかが知れています。さて困ったなと思いましたが、まず手元にある資料を手がかりにして、もつれた糸を一つひとつ解きほぐしていきました。しかし、調べれば調べるほど細かいところまで知りたくなるのが人情で、そんなことをして網を広げていたらきりがないということに気が付いたときは、はや二年の時間が過ぎ去っていました。とはいうものの、お陰で読者の方から「よく調べたな」と感心されるなど、報われた思いです。

●社史は退屈――の定説を破りたい！

　集まった資料を生かすも殺すもコンセプト次第――と、社史の構想がスタートして局次長を中心に編成された「五〇年史刊行部会」や編修室で論議を尽くしたのは、〝いかにして読まれ、資料価値の高いものをつくるか〟ということでした。そこで出された結論は、「面白くてためになるものをつくろう」ということでした。そして、これまで他社で発行された「社史とはこんなものだ」「読まれないのが当たり前」といった定説（？）はすべて我々の手で打ち破ろう、配布した人たちから「面白くて役に立った」と言っていただけるものをつくろうということになりました。

　その結果が、Ａ４判変型で段ボールケースに収まった、三分冊形式でトータル一〇〇〇ページにおよぶ大作『朝日放送の50年』（平成一二年三月発行）となりました。

　本史では、開局までの経緯からネットワーク変更、バブル時代、特集として阪神・淡路大震災を取り上げ、いわゆる歴史の総括をしました。番組おもしろ史では、ラジオに始まったお笑い番組の変遷を紹介し、当社がどのような感性や視点で番組を編成してきたかを解説し、同時に多くのエピソードと併せて「ああ、そんな番組もあったな」「あのスターはこの番組でデビューしたのか」といったことが、面白く懐かしく回顧できるものにしました。そして資料集では、ラジオ・テレビの番組一覧をはじめ、年度ごとの社会の出来事、当社およびマスコミや社会の動きを年表の形式でまとめました。この三分冊は当社の歴史であると同時に、関西の戦後史、文化芸能史としていろいろな意味でお役に立つものと自負しています。

●社内のバックアップ体制に助けられる

私にとっては、この社史編纂という仕事は番組や番宣用のパンフレットをつくるよりも神経が疲れる場面の連続でした。しかし、今まで知らなかったことが一つずつ明らかになっていく、場合によっては裏面のことまで知りうるという社史づくりならではの醍醐味を十分に味わうことのできた、楽しい歴史探索の旅でもありました。

© 2000 ABC

その旅を終えて感じることは、しっかりした

『朝日放送の50年』(平成12年3月発刊)

『Ⅲ 資料集』
(A4変型並製、392頁)

『Ⅱ 番組おもしろ史』
(A4変型並製、184頁)

『Ⅰ 本史』
(A4変型並製、424頁)

方向付けと社内体制づくりが、いかに大切であり、本の出来を左右するかということです。たとえば、最初は苦労した資料収集も、積極的に取材を始めると次第に多くのものが集まるようになりました。結局、私たちの熱意が社員の間に浸透し、社史というものは皆でつくるものだという意識が芽生え始めたのです。また、関係会社をはじめとして全局を横断する体制をつくることができたために、校正ではずいぶんと助けていただきました。私たちの編修室だけでは、とてもではありませんが一〇〇〇ページもの確認作業は不可能だったと思います。

当社における次の社史編纂がいつになるかはわかりませんが、この作業を通じて「資料整理の大切さ」が社内で認識され、将来に備えて収集・整理の仕組みをきちんとつくろうということになったのは予想外の効果だと思います。

「何を」「誰に」伝えたいかを重視した社史づくり

千島土地株式会社
地域創生・社会貢献事業部　川嵜千代 様

●設立一〇〇周年にあわせて社史をつくる

当社は幕末から明治初期にかけて、大阪で貿易商として資産を築いた芝川家が設立しました。芝川家は築いた資産を守るために、当時は現在ほど価値が認識されていなかった土地に着目し、明治一一年から一九年にかけて、大阪の湾岸部におよそ一八〇万平米の土地（新田）を購入しました。

当初は地主として小作地経営を行っていましたが、明治三〇年頃から、大阪港の築港事業など、大阪湾岸地域の開発が始まり、購入した土地を今後どのように運用していくか本格的に考える必要が出てきました。そこで設立されたのが当社です。明治四五年四月一〇日に株式会社として設立、小作地の引き上げ交渉を行い、大正から昭和初期にかけて、所有地を工業地として整備・活用し、大阪の近代化を支えました。

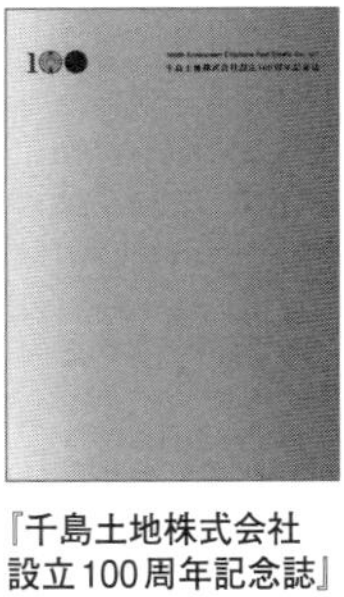

『千島土地株式会社設立100周年記念誌』（日本語版：A4判上製、224頁、平成24年8月発行／英語版：A5判並製4分冊、88頁（4分冊計）、平成24年7月発行）

当社には株式会社設立五〇周年を機に制作された『50年小史』以外に本格的な社史や記念誌がなかったことから、平成二四年に一〇〇周年を迎えるにあたり、一〇〇周年記念事業として、当社、そして創業家である芝川家の歴史をまとめた記念誌を制作することになりました。

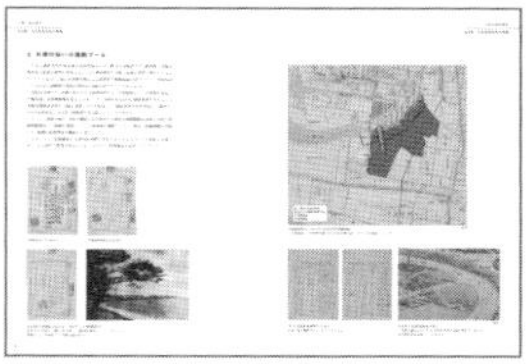
© 2012 Chishima Real Estate Co., Ltd.

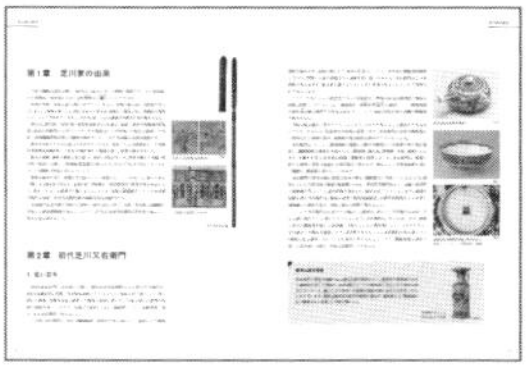
© 2012 Chishima Real Estate Co., Ltd.

●資料を集めながら社史のイメージを模索

当社はこれまでに数回、事務所を移転しており、特に管理担当も不在のまま古い資料が社内倉庫の一室に詰め込まれていました。私は平成一九年に入社しましたが、その一年前から、アルバイトとして週に一回から三回会社に通い、古い資料を順次閲覧して、その全体像をつかむ作業を行いました。

入社後も業務の一つとして引き続き社内資料を整理・調査し、芝川家に関する書籍、当社の五〇年史も参考にしながら、当社の歴史の流れのなかに、現存資料を当てはめる作業を行いました。こうして手元の資料を把握したうえで、どのような社史をつくるか検討を始めました。

当社の五〇年史は文字中心で図版類が少なく、内容も専門的であることから、これまで社内で会社の歴史が十分に認知されているとはいえませんでした。そこで一〇〇年史は、図や写真を多く取り入れた読みやすいものとしたいと漠然と考えていました。

また、当社は大阪の地に根差した不動産会社で、会社の歴史は大阪の地域史でもあります。そこで、一部関係者や専門家だけが閲覧する、いわゆる「社史らしい社史」ではなく、幅広い方々に読んでいただけるようなものにしたいと考えたこともあり、『一〇〇年史』ではなく、新しいスタイルの『一〇〇周年記念誌』として、

“展覧会の図録”などのイメージを参考にしながら構想を練りました。

●貴重な所蔵資料の活用を図る

多くの資料写真を誌面に掲載したいと考えた理由には、社外に向けて、当社が所蔵する資料をPRしたいという意図もありました。

当社で所蔵している資料は、江戸時代から明治時代初期の新田経営資料、区画整理などの土地開発関連資料、建築図面類、経理関係書類、過去に創業家が手掛けた事業に関連する書類など、非常に多岐にわたります。

これらの資料のなかには、大阪の歴史にも非常に関連の深い、貴重なものも含まれていると思われますが、社内でこれらの調査・研究の体制が整っているわけではありません。当社が所有する資料を社外の方に広く公開し、社外の専

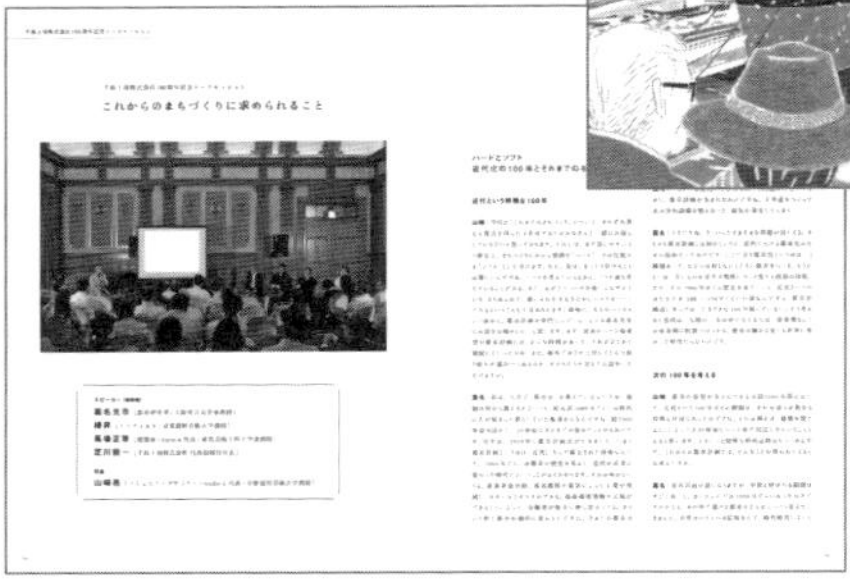
これからのまちづくりに求められること

門家や研究者の方に積極的にご提供することで、所蔵資料の調査・研究が進み、その内容の解明と価値付けを行っていけたらと考えています。

●会社の方向性を共有できたトークセッション

記念誌には、当社の過去・現在に加え、未来への視点も織り込みたいと考えました。単に当社の未来という狭い視点ではなく、当社と縁の深い大阪のまちのこれからという広い視点で、社内外を問わず幅広く議論したいと考え、「大阪のまちづくりのこれから」というテーマで、まちづくりや不動産、アートなどの分野で先進的な活動をされている社外の方を招いたトークセッションを開催し、その模様を一〇〇年誌に収録しました。このトークセッションは、当社のこれからを考えるにあたり大変示唆に富んだ内容であったと同時に、社員をはじめ、関係者が当社の思いや方向性について共有することができた大変意義深い試みとなりました。

完成した一〇〇周年記念誌は、デザインが非常に洗練されており、読みやすいというお声を多くいただいています。また、これまでつかみにくかった当社の全体像がよくわかったというご感想も多く寄せられました。

長い制作期間のなかで、常に、当社は「何を」「誰に」伝えたいのかを考え、従来の「社史」という枠に捉われることなく、さまざまなアイデアを引き出せたことが良かったのではないかと思っています。

最後に、当初、「索引」は社史の〝おまけ〟のように考えていたのですが、現在、社史を資料として活用する際に、非常に役立っています。原稿にボリュームがある場合は、索引の作成をおすすめします。

29 どのような資料を集めればよいのですか?

●まず最初は、文書として整理された資料を集めます。

社史編纂では、左表のような資料を原則としてすべて対象にしますが、着手する手がかりとして、「文書としてすでに整理され、内外に発表されている資料」（二次、三次資料）と「ナマのデータ」（一次資料）とに分けて考えると効率的です。

前者は、主なものに①有価証券報告書などの法定提出書類、②事業（営業）報告書、短期・長期計画書など株主向け提出書類、③社内報や通達など社員向け書類、④ニュースリリース、会社案内、入社案内、経歴書、カタログ・パンフレットなど広報・宣伝・営業書類、⑤創業者などの叙勲申請や株式公開申請のための提出資料などがあります。これらを最初に収集すると、歴史の概要をつかみやすくなります。

後者は取締役会議事録など原則非公開の社内資料が主で、各社の文書管理ルールによって、事務局に集めてデータを抽出してまとめる、各セクションに必要なデータを抽出してもらう、所在場所だけ確認しておいて必要に応じて参照する、などの取り扱いになります。

経営全般・全社的組織動向
- 理念、信条、社章、社旗、社歌
- 会社系統図
- 売上げ、利益、資本金推移
- 歴代組織図
- 経営多角化の経緯
- 短・中・長期計画の変遷
- 社名変更
- 歴代役員
- 定款（原始と現行）
- 有価証券報告書
- 増資目論見書
- 取締役会などの議事録

年度別経営方針
- 年度別スローガン
- 年頭の代表者挨拶・訓辞（記録かテープ）
- 社内報

人事・教育・総務・福利厚生
- 入社案内
- 役員構成、社員数の推移
- 賃金体系推移
- 就業規則の変遷
- 教育、研修制度の変遷
- 定例懇談会の内容
- 福利･厚生制度の変遷
- 労働災害発生状況
- 代表者の新入社員への訓辞

財務・経理
- 株価、配当率、資産高推移
- 財務運用の内容と実績（貯蓄、金融収支など）
- 財務諸表
- 固定資産台帳
- 各種税務関係資料

広報・宣伝・営業・顧客関連
- 市場シェア推移
- 受注高推移
- 商品別売上げ構成の変遷
- 販売手法、販促手法の変遷
- 営業方針の変遷
- 営業体制・営業網の変遷
- 広告
- 組織の変遷
- 各パブリシティ用の資料

主要商品・製品
- 主要製品発売年表
- 主要銘柄の価格と売上高、売上比率
- 主要仕入先の変遷と分布図

新技術・新ノウハウ・許認可権
- 技術研究、技術提携、技術導入の変遷
- 研究施設の設備の概要と変遷
- 特許、実用新案などの取得状況と概要
- 品質管理体制の変遷

支社・営業所・工場・店舗
- 年度別設備投資の変遷
- 人員数（スタッフ内訳）
- 工場の沿革
- 生産設備の変遷
- 生産品目の変遷

代表者本人・家族関係の動向
- 歴代社長、会長の詳細プロフィール
- 代表者の著作物、講演テープなど

業界動向（国内・海外共）
- 国内、海外業界の全般的な動向
- 主要企業と主要製品、商品、技術の変遷

その他
- 広報・宣伝、主要商品・製品、社外PR誌
- 社内報
- 既刊の社史、記念誌など・既刊の企業出版物

▲ 社史編纂に必要な資料の例

30 資料を集める手順はどのようにするのですか？

●①担当者周辺、②社内各部署、③ＯＢ・取引先など社外に依頼、の三段階に分けます。

まず、①の担当者周辺の収集・整理から始める場合ですが、担当者だけで収集できる資料をリストアップします。容易に集められる有価証券報告書や事業（営業）報告書、社内報や歴代の入社・会社案内などから始めればよいでしょう。

次に、②の社内各部署の協力による調査です。社内文書管理ルールがしっかりしている場合は比較的簡単なリスト化で済みますが、「一か所に未整理状態で詰め込まれている」「各部署（あるいは支社、子会社）に分散保管されている」などの場合は、どこにどのような資料が保管されているのか調査が必要です。後者の場合には、各部署名・担当者名・資料名・作成部署・作成年月日・資料対象期間・保管場所などが記入できる調査票を作成し、各部署の責任者に（できるだけ期限付きで）調査を依頼します。

この調査は、どの時期のどのような資料が残っているかを調べるのが目的です。集まった調査票はファイリングするだけでなく、左表のように、縦軸を資料名に、横軸を時系列にし

項目		期	31	32	33	34	35	36	37	38	39	40	41	42	43	44	45	46	47	48
		和暦	H. 8	H. 9	H. 10	H. 11	H. 12	H. 13	H. 14	H. 15	H. 16	H. 17	H. 18	H. 19	H. 20	H. 21	H. 22	H. 23	H. 24	H. 25
		西暦	1996	1997	1998	1999	2000	2001	2002	2003	2004	2005	2006	2007	2008	2009	2010	2011	2012	2013
主な経営動向	経営概況を見る	事業報告書					●	●	●	●	●	●	●	●	●	●	●	●	●	●
		中・長期経営計画					●					●					●			
		年度計画書	←	―	―	―	―	―	―	―	―	―	―	―	―	―	―	―	―	―
	意思決定の経過を見る	取締役会議議事録	←	―	―	―	―	―	―	―	―	―	―	→			←	―	―	―
		稟議書																		
	意思決定の結果の確認	社内通達・通知	●					●		●								●		
		契約書類（提携・賃貸・購入など）									←	―	―	―	―	―	―	―	―	―
	社長挨拶	年度始め、年頭、株主総会																		
その他社内資料		株主総会議事録	←	―	―	―	―	―	→			●			←	―	―	―	―	―
		会社案内・入社案内																		
		社内報	●	●	●	●	●			●		●	●		●	●	●	●	●	●
		歴代定款																		
		歴代組織図																		
		商品カタログ	←	―	―	―	―	―	―	―	―	―	―	―	―	―	―	―	―	―
		広報関係書類（プレスリリースなど）			●	●				●	●	●							●	●
		関連業界情報紙・誌掲載記事																		
		販促・キャンペーン計画書																		
		新聞広告			●						●			●				●	●	
		ポスター、チラシ等の広告関係印刷物	←	―	―	―	―	―	―	―	―	―	―	―	―	―	―	―	―	―
		テレビCM（映像）、ラジオ広告台本など																		

▲ 資料リストの例

たリストを作成して一覧化します。こうすると、どの資料はどれだけの期間にわたってあり、欠けている年代がいつなのかが一目瞭然となります。この後、重要な資料はできるだけ担当者の手元に収集し、ジャンル別に整理しておきます。

また、資料収集は一回では万全とはならないので、何回か繰り返す必要があります。このときに一緒に資料リストも配布すれば、ほかの部署の資料が参考になって連鎖的に出てくることもよくあります。

資料収集のコツは、基礎的なものから専門的なものへと深めると同時に、編纂事務局から社内各部署へ、社内から社外へとだんだんに幅を広げていくことです。

③の社外については、Q31でふれます。

31 古い資料はどうやって探したらよいですか？

●ＯＢは最有力の情報源。業界団体、地方自治体などもあたりましょう。

古い資料の出所として、ＯＢは欠かせません。技術開発史などにまつわる貴重な証言や資料が出ることも多いので、ぜひ資料提供の依頼をしておきたいものです。その際、社内と同じように文書で依頼をしたほうがよいでしょう。また、ＯＢ会が開かれることがあるならそれを視野に入れた依頼の仕方がありましょうし、社史編纂を機会にＯＢ会を開く、そこで何らかの情報収集を狙うといった方法もあるでしょう。ＯＢご自身が亡くなっているときでも、家族にお聞きしたりすることもできますから、何らかの情報が期待できます。

これは一般的な方法ではありませんが、とくにＯＢの世代で、几帳面な方が自身の覚えとして日誌をつけていることがあります。要職にあった方の日誌ならば、仔細に点検してもらうと、かなり多くの出来事が拾えます。当社で制作をさせていただいたお客様で、二〇年分の日誌をもとに基礎情報台帳（Ｑ32参照）をつくられたところがありましたが、大変能率的でした。

また、親会社、得意先や取引先に資料提供をお願いすることもできます。あらかじめどのような資料がほしいか具体的に依頼したほうが先方も協力しやすいでしょう。

いずれの方々にお願いするにしても、すぐに取りかかっていただけることは期待できません。したがって、時間的余裕をみるなり、何度もお願いをすることなどが必要です。

このほか、業界団体に問い合わせることも有効です。特に団体の要職を務めた会社だとかなりの情報が集まりますし、「業界の歴史と会社の歴史がほぼ一致する」ケースもあるようです。もちろん、業界紙・誌のバックナンバーや業界団体の団体誌、会報、年史などもいの一番にあたるべき情報源です。

また、どのような組織であっても地域社会との結びつきがあります。地域の歴史的資料は、県や市町村立の図書館や、博物館、公文書館に保管されています。基本的に、図書館には司書が、博物館には学芸員が、また文書館にはアーキビストとよばれる専門家が常駐していますので、事情を説明して相談すれば、関連する資料情報が得られるかも知れませんし、組織のバックボーンになる地域の事情がよくわかります。

さらに公的な許認可が必要な事業の場合、関連する書類が公文書として官公庁に残されていることがあります。許認可の主体となる自治体や省庁の各機関、または公文書館に、それらは保存されています。図書館や公文書館の資料の一部は、インターネットでも検索可能ですので、調べてみる価値があります。

32 情報の整理の仕方を教えてください。

●「基礎情報台帳」で会社の歴史を一覧できるようにします。

情報を整理するには、左表のような形式の「項目別に分類された年表」が便利です。横軸に「情報の分類項目」を、縦軸に「発生年月」を配したマトリックス形式の年表です。「情報の分類項目」というのはある事柄が、たとえば経営管理全般に関わるのか、営業に関わるのかということです。どなたでも「当社事項」「社会事項」くらいには分類されますが、一歩進めて「当社事項」をもう少し詳しく分けたほうが後々効率的です。項目数が少なすぎると分類していないのと同じですし、多すぎると分類の判断にばらつきが出てきて、これも能率が悪くなります。(仮目次の項Q38参照)

なお、年表に掲載する出来事は、各種議事録や通達、稟議書、社内報、ニュースリリースなどの社内資料や新聞報道などの社外資料から抽出されますので、どの資料から採ったか(出典)を明記しておきます。こうすることで「社史に掲載する可能性のある出来事と資料がリンクした情報のリスト」というスタイルの年表ができあがります。弊社ではこの形式の年表

期間	年	全般的経営動向・グループ施策	経営計画・方針	組織・人事・教育・福利厚生
1974(昭49)	1974	●10.-- [A]社内報「○○○○」創刊【内7410】		●03.-- [A]職制の改正を実施【内7503】 ●--.-- [C]製造課はじめ営業課、総務課など、本社の管理関係者が中軸となった「事務改革のためのプロジェクトチーム」結成【内7502】
1975(昭50)	1975	●04.-- [C]同業の△△㈱(本店・□□)の社員が本社、◇◇店、××製作所、商品センターを視察【内7506】 ●05.01 [A]新事務システムを開始【内7504、内7505】 ●06.01 [A]新機種レヂスター導入【内7505】 ●06.-- [A]新製品○△の売価が決定【内7506】 ●07.-- [A]商品の在庫管理、経理事務及び経営分析などのため、オレンジKKより、西ドイツのNI-XYZコンピューターを導入。7月中旬以降に導入、9月中に本格稼働の予定【内7506、内7507】 ●08.-- [C]本社の移転を機に、社旗を制定【内7511】 ●09.-- [C]在庫管理帳の使用を開始【内7510】		●01.-- [C]○○店、△△店を統合【内7509】 ●08.15 [C]経営企画室を新設【内7509】 ●08.15 [C]商品課に管理係、仕入係を置く【内7509】 ●08.15 [C]開発室を新設【内7509】 ●10.01 [C]明るい職場づくりを目指して「SB会」発足【内7511】 ●10.-- [A]教育プロジェクトチームを組織【内7602、内7602】

▲基礎情報台帳例

を「基礎情報台帳」と呼んでいます。

「台帳にはどの程度まで詳しく書いたらいいのか」というご質問をよくいただきますが、台帳にするのは一覧性をもたせるためなので、5W1H（いつ、どの部署が、どこで、何を、なぜ、どのようにして）をおさえれば十分です。

実際に原稿を書くときは基礎情報台帳を索引とし、事実そのものは元資料を見て書くからです。

資料の現物は、ファイル・資料保存封筒・資料保存箱などを使って分類・整理し、資料の名称などを明記したラベルを貼って体系的に保存・管理します。この際に電子化しておけば、劣化対策として有効ですし、事後の閲覧や関係者間での情報共有に便利です。ただし、電子データは、アクセス管理などセキュリティに留意しなければなりません。一連の資料保存のルーチンについては、文書管理規程などによりルール化する必要があります。

33 古い資料がほとんど残っていないのですが、社史はつくれるでしょうか?

●始めてみれば、資料は出てくるもの。どうしてもないなら、企画の再検討を。

資料室や社史編纂室が常設されているような企業は別として、資料を完備した企業は稀です。社史の巻末にある「編集後記」を調べてみますと、「資料が少ないことに苦労した」という趣旨のコメントが頻繁に登場します。

●(前略)会社を法人化した後で昔の大福帳式帳簿類はすべて片付けてしまっていた。従って個人会社時代の数字として確かな記録が無く、まったく記憶に頼らざるを得なかった。
そうした事情から、社史というよりは個人的伝記のスタイルになったが、当時はある意味で会社と人間は一体のもので、会社は私のすべてであり私自身が会社そのもの、経営とはそういうものだったのである。…(後略)…(土木関連三〇年史)

こちらの企業では、経営者本人の記憶を掘り起こすことに注力し、その結果、読み物的にまとめられています。記憶を出してもらう方が複数になる場合は、取材を組織的に行うなり、Q32に示したような基礎情報台帳を回覧して記入してもらうなりします。

●（前略）作業に取り掛かった段階では、組合結成当時の資料や記録はもちろんのこと、大会の議案書も全くと言ってよい程見当たらず、肝心の資料収集の段階で早くも行き詰まってしまった。それでも諦めずに、（中略）組合事務所の雑庫の整理を続けていくうちに、古ぼけた石炭箱の中に昭和二〇年代の記録が断片的に見つかったり、（中略）少しずつ明かりが見え始め、遅々としながらも作業は進んで行った。作業の進捗に伴って、いろいろなところから資料が出てくるようになり、結局かなりの資料を収集できた。…（後略）（労働組合五〇年史）

これは、資料が少ないなりに、始めてみれば探す要領がわかったり周囲の協力があったりで、期待以上に史実を掘り起こすことができた例です。

●（前略）出てくる写真もほとんどが社員旅行の宴会シーンばかりで、笑うどころか、正直、社史づくりは無理ではないかと、途中、なんども深刻に考えたものです。しかし思い直してみると、経営資料がないという事実が、まぎれもない当社の歴史だったのです。資料を残すゆとりもなく、当時の先輩たちは働き続けていたのですから。（中略）宴会の写真といっても、終戦直後、戦火の余燼がまだくすぶっているあのころ、せっせと社員旅行の実証資料を残したことに大きな意味があると思います。…（後略）…（商社五〇年史）

この企業では、資料・写真のない時代については正確さにこだわるのではなく、できる範囲で社史を仕上げて周年を祝おうと割り切られたそうです。結局、資料が少ないことに対する対策も、発刊目的の再確認に立ち返ることになります。

34 どのような写真を集めればよいのですか?

●会社の歩みを表すものなら、何でもＯＫです。

左ページに、社史に掲載される写真の一覧をまとめました。これは一例ですので、企業によってまだまだ多くのバリエーションがあることと思います。

「何を集めるか」を計画するについては、まずは左表を参考にしていただければ結構です。ポイントは、資料を集めるときと同様に分類項目を考えてみて、さらに項目ごとに内容を掘り下げていくことです。資料整理の進捗によって基礎情報台帳ができてくるなり、ある程度歴史上の出来事がわかってくるなりすれば、どの出来事に関連する写真がほしいかということも、見当がつくようになります。

集められた写真の整理は、写真リストを作成し管理します。基本的には基礎情報台帳の分類項目に則して整理します。ポイントは、分類項目別の整理番号・撮影年月日（年代）・写真の内容・提供者（部署・氏名）・返却希望日・保管場所などです。写真リストもエクセルで管理しておけば、後の写真候補選びに便利です。

経営全般・全社的組織動向

●創業の地、施設、設立総会、仕事風景など ●歴代社長
●社表（看板・表示プレート） ●関連会社設立パーティ
●商標・社名ロゴ ●新規事業
●社内報創刊 ●社是・会社規定集・企業理念（経営基本理念）

年度別経営方針

●年度計画発表（方針説明会）・スローガン・事業計画書類・冊子・ポスター

人事・教育・総務・福利厚生

●テキスト ●レクリエーション活動
●全社員・関連会社スタッフ集合・主なスタッフ・プロジェクトチーム集合
●厚生施設・寮・保養所 ●新入社員集合写真・入社式

財務・経理

●コンピュータ導入

広報・宣伝・営業・顧客関連

●アドバルーン・ウィンドウディスプレー ●広告・新聞記事・カタログ・ポスター
●出版物 ●キャラクター・販促品・景品
●展示会（博覧会・見本市出展）・フェア ●新製品発表会・新商品説明会
●商品見本・商品陳列・商品梱包箱

主要商品・製品

●創業時の製品・商品 ●主な製品・主力商品・新商品

新技術・新ノウハウ・許認可権

●主要製造装置 ●視察旅行（海外講習・実習・海外研修）
●海外研修生・海外取引先スタッフとの写真・海外貴賓見学・海外交流・海外研修ツアー

支社・営業所・工場・店舗

●本社社屋（本社周辺）、工場空撮、施設全景（空撮）、物流センター
●店舗（ショップオープン） ●新規事業店舗
●工場敷地・工事現場 ●関連施設新築・支店外景
●施設内部（試験所・研究室・設計室） ●コンピュータ施設
●海外工場関係 ●施設利用風景・業務風景・作業風景
●認定証・日本工業規格表示許可書 ●ＱＣサークル発表会

代表者本人・家族関係の動向

●創業者の写真、像、愛用品、揮毫、創業者夫人、その他
●創業者生家・創業者生誕の地
●勲章・勲記・褒章授与に関する写真・賞状・感謝状・盾・トロフィー、創業者著書

その他

●初めての慰安旅行や集合写真、スポーツ大会、各種イベント、式典、社葬
●社史・記念文集・周年記念記念品・記念商品
●労組周年式典、労使共同声明調印 ●天皇陛下視察風景（皇族視察）

▲ 社史に掲載される写真の例

35 写真を集めるルートにはどのようなものがありますか?

●社内・社外に分けて系統的にあたっていきます。

①社内で探せる写真

基本的には文書と同じで、収集すべき写真をリストに整理し、各部署に提供の依頼をかけていきます。しかし、写真は体系的に整理されていないケースが多く、どの部署にどのような写真が保管されているか特定するのが難しいという問題があります。特にデータのコピーが容易なデジタル写真の時代に入ってから、この問題が顕著になっています。WEB用に加工された解像度の低い写真が社内で複数の人に共有されているのに、肝腎の印刷用に使える解像度の高いオリジナルデータの所在が不明というケースが増えているのです。また、いま一つの問題は、古い写真には個人所有が意外に多いことです。総務や広報にカメラがあって、社業を記録していくというのは昭和四〇年代以降のことで、それ以前はカメラを所有している個人に依存するケースがほとんどでした。こうしたことから、会社に関わる写真なら何でもいいから提出してほしい、と依頼するケースが多くなります。社歴の古い社員には必ず依頼をかけます。カタログなどの印刷物に載った写真も、画質は落ちますが、活用できます。また、写真はなくとも、製品、半製品、部品、治具など物自体があれば新たに撮影できます。８ミリ、16ミリ、ビデオなどムービーからも写真を起こすことができます。

なお、貸し出しの依頼にあたっては、「撮影年月日」「写真の内容」「誰が写っているのか」「返却希望日」などを書き添えられる依頼用紙をお渡しします。

②社外にある写真

仕入先・販売先が一社に特化しているときは、そちらにも依頼をしてみます。商社の場合は、取引先メーカーへの依頼は必須です。共栄会や特約店会なども有望です。どこかの子会社や関係会社である場合は、親会社にあたることもできます。親会社が広報誌を出している場合は、特に期待できます。業界団体の役職についたことのある会社なら、業界団体の記念誌や、事務局にあたるのもよいでしょう。業界紙・誌にも、記事や広告が残っている可能性があります。地元自治体や、それらが管轄する図書館に問い合わせるのも有効です。自治体が収集・所蔵している写真や文献などの風俗資料に、関連する写真が掲載されていることがあります。民間の資料館、博物館などが同様の資料を所蔵していることもあります。

③報道写真

時代風俗の写真ということならば、報道写真を使うこともできます。新聞社や通信社では、報道写真を貸し出すサービスを行っています。

36 写真の整理の仕方や、選ぶ基準を教えてください。

●本文とリンクさせて選択し、写真台帳を作成して整理します。

第一段階の整理は、おおまかに「会社所有」「社内の個人所有」「外部からの提供」などに分類し大きな封筒で分けておく程度でよいでしょう。数が集まってきた段階で、ルーズリーフ式のクリアファイルで分類します（粘着式のアルバムでは、貼り付いてはがれなくなることがあります）。クリアファイルには分類名と番号を振っておきます。一つのクリアファイルには同一の内容だけをまとめるのが原則です。クリアファイルのシートには写真リストの管理番号を記入しておきます。

ここで問題となるのはデジタル写真のデータです。写真データの名前（文書名）の付け替えは面倒ですが、先頭に写真リストの管理番号を付しておくと、写真フォルダ内でもデータの整列ができるので便利です。写真フォルダの名前は先のクリアファイルに準拠させます。この際、手間をいとわず一枚一枚出力してクリアファイルに整理しておくと（コピー用紙で十分です）、クリアファイルだけで写真の選択ができ、いちいちコンピュータのディスプレーをのぞきにいく必要がありません。この逆にすべての写真をデジタル化（スキャンニング）して、市販の写真整理ソフトなどで管理すれば便利と考えがちですが、①市販の写真整理ソフトは個人用につくられているので高解像度データの管理に適さない、②プリントや印刷物からのスキャンニングは解像度や色の調整などの問題もあり、素人では難しい、という理由でおすすめできません。なお、これら解像度の問題や印刷会社や制作会社とのデータの授受については次のＱ37で述べます。

さて、写真の選択ですが、基本的には本文と連動させます。仮目次や本文を読み込み、写真候補リストを作成します。これは、エクセルで作成した写真リストのデータを加工し直して作成します。この際、写真リストのデータを撮影年月日順に並べ替えると、本文の記事におおよそマッチするので便利です。リストの内容は、本文ページ数、章節項の番号、写真リストの整理番号、撮影年月日（年代）、写真の内容、保管場所です。このようにして、すでに収集した写真と、これから収集しなければならない写真がわかってきます。

次に、写真候補リストにそって、さきほど整理したルーズリーフ式のクリアファイルからピックアップしていきます。これを、本文ページ別か年代別に、掲載写真ファイル集にまとめて、ファイルします。同じ内容の写真が複数あり、どれがよいか迷う場合は複数を入れておき、制作会社などに任せるのがよいでしょう。

37 デジタル画像データを整理する際の注意点を教えてください。

●素材からスキャンしたか、デジタル撮影したものかを区別してください。

前項Q36で整理したデータは、大きく次の二つに分類して管理してください。

①写真プリントやフィルム、手書き資料や印刷物などの素材からスキャンニングした画像

②初めからデジタル撮影された画像

①は整理した素材を印刷会社や制作会社に渡す場合は、〝物〟として提供することになりますので、ＤＶＤやＣＤ－ＲＯＭなどの媒体に焼いて渡す②とは否応なく分類されることになりますが、①を社内でスキャンニングしてデジタル画像として渡す場合も、この分類は必須です。画像の解像度（画素の密度を表わす数値）が印刷物に必要なレベルに満たない場合、①なら素材からスキャンし直すことで解決できますが、②はそれができないからです。つまり、①と②の区別は、代替可能か否かの区別として重要になってくるわけです。

実際、印刷物に必要な解像度は、ＷＥＢ用のそれの約五、六倍にも達します。パソコンで見たときにはきれいな画像をプリントアウトしてみたら、モザイク状のギザギザが目立って

印象が違ったという経験をお持ちでしたら、このことはピンとくると思います。実は現在のデジタルカメラは高画質化しており、オリジナルのデータであれば、プロの撮影でなくても印刷に使用できる解像度を有しているのが普通です。しかし、通常のオフィス業務で扱うには、高画質の画像データは容量が大きすぎ、操作スピードに影響するため、高画質のオリジナルデータはポスター、パンフレット、ＷＥＢサイトなど用途に応じてコピーされ、解像度を調整された上で、社内の各部署や外注先のパソコンやサーバ上に分散して保存されることが多いのです。そのため、当社でもしばしばＷＥＢ用の軽いデータを提供され、差し替えやオリジナルデータの捜索をお願いしています。なお、解像度は画像処理専用のアプリケーションがないと確認できませんが、大雑把な目安としては、データサイズがメガバイト級であれば大概のサイズの使用に耐えるといえます。

また、①でも②でも、写真のファイル名にキャプションを付けるのは避けてください。ファイル名は簡単な通し番号とし、キャプションの冒頭に同様の番号を付すことで、並べ替えなどの整理がしやすくなります。デジタル画像を印刷会社や制作会社に渡す場合に、ワードやエクセルなどに貼りつけて渡すのもできるだけ避けるようにしましょう。画像とキャプションを一体で処理できるので、整理するときには一見便利ですが、見た目で隣り合っているので、相番号を付すことを怠りがちですし、画像取り込み時に解像度や画質を損なったり、天地左右の比率をゆがめてしまいがちで、事故のもとになります。

会社の歴史の統一見解をつくり上げていった社史制作

株式会社なだ万
常務取締役　管理本部長　津田正雄 様

●大阪の料亭の歴史を語り継ぐという使命

一八〇周年記念事業として、まず社長（現・取締役相談役　以下同）が発案したのはレシピ本（幻冬舎刊）でした。「なだ万」の料理をまとめた本を今まで出したことがない。そこで調理長たちに春夏秋冬をテーマに料理をつくらせて、それを家庭の材料でもできるようにした本です。一八〇周年の祝賀会でこれを配って一段落したときに、次に浮上してきたのが社史でした。

なだ万は、明治・大正・昭和を通じて大阪の北濱・今橋にあった料亭を本店としていましたが、昭和四九年に東京のホテルニューオータニの中庭に本店を移し、その料亭を「山茶花荘」とした経緯があります。この時期を逃すと、大阪の料亭時代を語れる方がいなくなるのではないかという危惧が背景にありました。また、料理の歴史はレシピ本がカバーしていましたが、サービスについてはカバーできていないという事情もありました。実際、制作にあたって大阪の料亭を知る元接客係四、五名に取材を行っています。

『なだ万 百八十年史』（A4判上製、128頁、平成25年10月発行）

●初代の資料を掘り起こす

制作スタート時に社長がまず指示したのは、

「初代の灘屋萬助に関する史料をぜひ見つけてほしい」ということでした。二代目以降の史料はある程度ありましたが、初代については言い伝えのみだったのです。また、将来は社史をまとめたいという思いをお持ちのOBや関係者の方々が折々につくっていた資料がありました。しかし、系統立ててまとめられていなかったり、写真が残っていても、いつの時代で誰が写っているのか書かれていないという状態でした。資料の整備が悪いということを社長が常々言っており、これはやはり外部の専門会社にお願いして、きちんとやるしかないだろうという結論になった次第です。

その甲斐があって、初代の名を記した借家人別帳が見つかり、菩提寺である大阪・西念寺の過去帳からは家族構成がわかりました。これは良いものができるだろうという手ごたえを感じて、その頃からモチベーションが高まっていったと記憶しています。

●当社の歴史それ自体が料亭史になる

社長が望んだもう一つのポイントは、「日本における料亭では確固たる存在を築けているのだから、当社の歴史それ自体が料亭史になるという観点から制作せよ」ということでした。そこで、歴史を記述する沿革編を大きく第一部と第二部に分けました。

第一部は、当社が概ね料亭として歴史を紡いできた時代にあたります。そもそも当社はどうして料亭になったのか。明治時代の朝日新聞大阪版の要人の動静欄を調べたところ、西郷従道さんなど歴史上の人物が、灘屋萬助宅に泊まったと書かれていました。初期に旅館をやっていたという言い伝えはあったのですが、これまで裏付ける資料はなかったのです。それが明治時代の外部資料によって、なだ万が旅館から料理屋へと特化していった経緯が裏付けられました。裏付けデータを得て堂々と活字にできるということに、社長も感激していました。

一方、第二部は昭和五〇年代以降、当社が料亭から日本食レストランへと業態変化していった時代です。「老舗はいつも新しい」をキャッチフレーズに、みなさんご存じの現在のなだ万が形成されていく歴史です。古い新聞・雑誌記事や書籍を中心にして記述した第一部に対し、第二部は社内報や経営陣のインタビューを中心に構成しました。

このような業界のリーダーであることを意識したビジネスモデルの変遷も、上手く描けたと自負しています。

●コラムを通してPR効果も狙う

PR効果も意識しました。ぜひ読者に知ってもらいたいエピソードをコラムとしてちりばめています。要はなだ万の売りとなる部分です。東京サミットの公式晩餐会の会場となったこともあり、なだ万は政治家や財界人にも多く利用していただいています。諸外国の大統領といった方々がなだ万の料理を食べているということを、やはり打ち出したいと思いました。

もう一つの目玉は、さまざまな小説に登場してきたことでしょうか。古くは夏目漱石の『行人』や森鷗外の『小倉日記』、近年では山崎豊子氏の『暖簾』、最近では浅田次郎氏の『王妃の館』などになだ万が出てまいります。また、オーナー家の一族に俳人の楠本憲吉さんもいらっしゃったこともあり、文人・文壇の方々にも愛され、利用されてきました。そのこともコラムを通して強調しました。

●当社の歴史の統一見解を確立する意義

社史は従業員はもとより、OB・OGやお取引先様へも配布し、多くの方から予想以上に高い評価をいただきました。ある銀行の役員の方には「感服しました」とまで仰っていただきましたから、やはりこれは〝良く出来た社史〟なのだな、と思いました。

すべてを終えて感じたことは、社史制作の一番のメリットは、歴史の統一見解ではないかということです。創業一五〇年時に楠本憲吉さんが当社の歴史をまとめた小冊子はありましたが、裏付けのデータがわからず、事実かどうか不明な点が多々ありました。一八〇年史をつくってみてそれが大筋で正しいことはわかりましたが、当社としての統一見解を確立できた意義はやはり大きかったと思います。

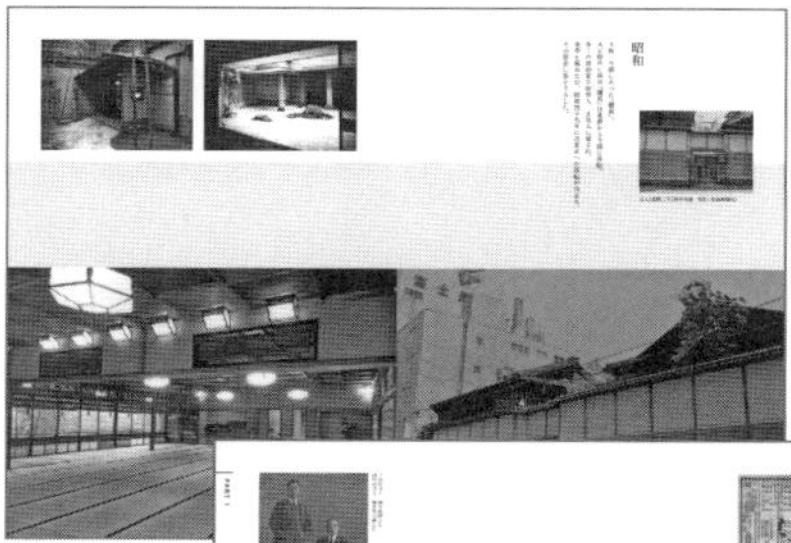

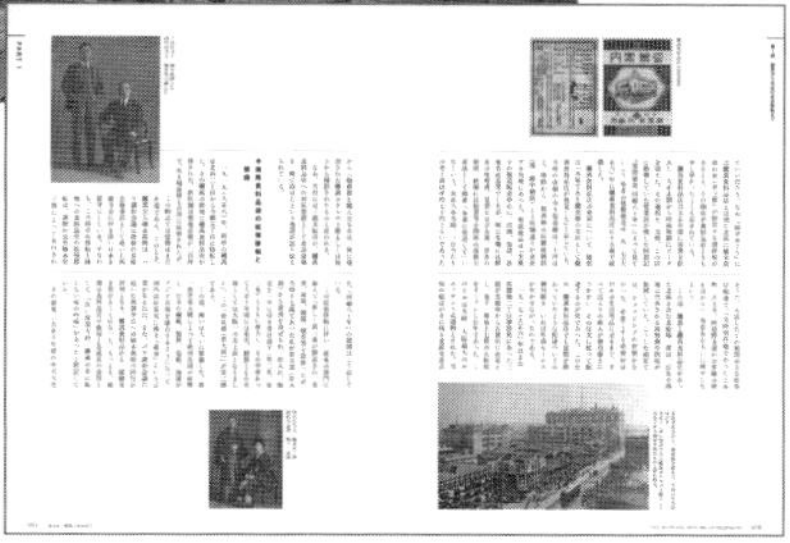

38 仮目次とは何ですか？　なぜ必要なのでしょうか？

●本の設計図ともいえるものです。本文作成にあたっての出発点となります。

オーソドックスな社史では「目次」を見るだけで会社の歴史の大きな流れがわかるようになっています。社史は史料であり、小説でも、教養書でも、実務書でもありませんから、抽象的な凝った見出しをつけたり、あえて複雑な構成をとったりはしません。原則的には、出来事が時代区分にそって時系列で整然と配列される形をとります。だから、目次イコール会社の歴史の概要となることが多いのです。仮目次とは、この案の段階、つまり設計図だと考えていただければよいと思います。

書籍の執筆で最もオーソドックスな方法は、基本構想をもとに資料調査・取材など材料を集め、その結果を踏まえて構成（大枠の目次立て）を考えてから、執筆に入るというものです。社史も基本的にはこのパターンをとりますが、内容が複雑で多岐にわたるうえに、経営陣も含めた多数のコンセンサスを得ながら進めていかなければならないことや、執筆者が複数だったり外部の人間（学識者、小説家、記者、ライターなど）だったりすることから、関係者間の共通認識としての詳細な設計図＝仮目次が必要になるわけです。

詳細は次項Q39に譲りますが、その手順はおおむね次のようになります。

①**構成を決める**／社史の原稿は、一般的には会社創立から現代までの歴史を年代にそって記述（編年体、通史）しますが、ほかにも事業部や部門ごとに記述する、本史と技術史・商品史などを分ける、序章として創業者の伝記を付け加える、などのバリエーションがあります。

②**時代区分を決める**／通史であれば経営の、技術史であれば技術の、ターニングポイントはどこにあるかを見極め、時代区分を決めます。会社の歴史をどう捉え評価していくかによって区分も異なってきますから、ここでいわば社史の歴史観を決定することになります。

③**細目を決める**／基礎情報台帳をもとに、各時代区分に属する細目の整理を行い、取り上げる項目を決めます。

仮目次は、資料・情報収集の結果にもとづいて、社史の望ましい組み立て方を具体的に表現したものですから、それまでの作業の総まとめであり、以後の原稿作成作業の出発点でもあります。この出来がよく、資料の裏付けがしっかりしていれば、本文作成はそう困難なことではないといえます。

なお、仮目次という用語は社史特有の造語であるため、制作会社によって呼び方も違いますのでご注意ください。

39 仮目次は、どのようにしてつくるのですか？

●まず大きく区分し、徐々に内容をつめていきます。

①時代を区切る

基礎情報台帳を「経営陣の交代」「組織の大きな変化」「大きな技術革新」「経営数値の推移」「好不況・円高などの外部要因」といった点に注意してつぶさに見ていくと、会社のターニングポイントが見えてきます。これに売上高（全体、事業分野別など）、利益高（営業、経常、純など）の指標をグラフ化して、それらと対置してみると、ターニングポイントはよりわかりやすくなります。同様に製品開発史、営業・生産拠点の展開史をまとめてみるのも効果的です。経営指標が大きく変化する時期にどのような施策を打っていたかをみると、たとえば新製品の投入などの事情が見えてきます。

社内の既存評価や定説にとらわれず、現代の視点から会社の歴史を再評価してみてください。自ずと、現在の姿になるまでのターニングポイントが見えてくるはずです。創業期、発展期、成長期、拡大期、改革期、安定期など会社の成長過程を表すことばを当てはめると、なおわかりやすくなるでしょう。それでもわかりにくいときは、まず大きく二分し、次にそれをさらに細かく区分するなどステップを踏んで分けていくようにします。

②細目を決める

時代区分ができたら、それぞれの区分に当てはまる項目を、基礎情報台帳よりピックアップしていきます。この時代は「拡大していった時代だ」とか「多角化を志向した時代だ」と評価を明確にしているわけですから、それを基準にして選んでいけばよいわけです。項目の配分が決まったら、次に、それぞれの区分のなかで統合できるものをまとめていきます。仮に、時代区分を「章」としたら、今度は「節」を決めていきます。分け方は、「技術と営業を分ける」「事業ごとに分ける」「時系列で整理する」などさまざまです。

③分量配分

次に、仮目次と本文に割り当てられるページ数とをにらみながら、各章・節・項のページ数のバランスを考えます。こうしておくと、第一次原稿の検討・調整がしやすくなります。これはあくまで目安ですが、最小の項目は、一ページに一、二項目くらいに揃えると読みやすいようです。また一ページあたりの字数は、A４判で一〇〇〇～一二〇〇字が一般的です。このように進めると、執筆者が複数であろうが、外部の者であろうが、原稿の内容と割当文章量についての共通認識が明確になるので、作業が効率的です。

40 事務局だけでは年表上の出来事の軽重が判断できません。

●ＡＢＣランク法で部門ごとの判断を仰ぎます。

事業が多角化していたり、組織が大きく複雑だったり、グローバル化が進んでいたりすると、現場レベルでないと判断できないことが多くなるのはたしかです。しかし、部署横断の編纂組織で出来事一項目ごとに社史への採否を決める会議を行うのは時間効率からみても、作業効率からみても得策ではありません。

そこで、これに代わる方法として、「ＡＢＣランク法」をご提案します。これは基礎情報台帳のカテゴリー設定を組織に合わせておき、部門（部署）ごとに関連する出来事のランク付けを行う方法です。この場合、Ａは「社史の本文への記載必須の出来事」、Ｂは「巻末年表には掲載するが、本文には取り上げる必要がない出来事」、Ｃは「とりわけて社史に取り上げる必要のない出来事」とします。こうすると、Ａランクの項目だけ集めれば、仮目次（Ｑ39参照）の「②細目を決める」における項目のピックアップが容易になりますし、巻末年表の編集ではまずＢランク以上を集めるところから出発すればよいことになります。

しかし、この方法にも落とし穴があります。たとえば、一連のテーマで行った研究開発イ・ロ・ハ・ニ・ホがあったとします。成果を上げたのはイとハだけなので、担当部門ではイとハをAランクに、ロ・ニ・ホをBランクにしました。ところが、記述する段になると五つテーマを設定したことは書く必要がある、というようなケースです。華々しく発表した期待のプロジェクトだったのでAランク入りしたが、成果を上げなかったので終息の記録がCランクといったケースも、尻切れトンボの記述になってしまうので困ります。会社のスポーツチームが優勝の常連などという場合、毎年の優勝はすべてAランクでも、社史本文では何回連続優勝したかを記述する程度で十分といったケースもあります。

こうしたことから、一度各部門から集められたABCランクは、改めて「実際の記述」という観点から事務局で見直し、Bランクからの昇格やAランクからBランクへの降格などの調整を行う必要があります。主な判断のポイントは、

①一連の出来事はグルーピングして同ランクに扱い、記述上で軽重を付ける

②始めたものは終わりも入れる

③定期的に開催される大事なイベントなどは初回と、大きな変化や特筆すべきことがあった回にとどめる（網羅的な記録は資料編に譲る）など、予めルールを決めておく

などです。複数部門にまたがる出来事では、部門ごとにランク付けがバラつく場合もありますので事務局だけで調整が難しい場合は、上層部の判断を仰ぐこともあるようです。

41 取材の順番を決める基準は何ですか？

●経営トップか、年配者から先に始めます。

取材の順番に関する考え方としては、

①経営者（意思決定者）↓現場

②創業期↓現在

の二通りがあります。

①の眼目は、大枠から細目へと展開、深化していけることで、歴代経営陣を一通り終えてから、現場レベルへ移る場合もあれば、経営者一人ごとに、経営陣↓現場のパターンを繰り返す場合もあります。後者のパターンを古い時代順に行えば、①と②の折衷になります。

社史の編纂期間が一年未満など短いときや、ページ数が少ないときは、この①のパターンが適切です。大枠をつかんでおくと、より内容を深めていくべき事項のセレクトが容易ですから、絞り込んで現場取材に移ることができます。

一方、編纂期間が比較的長いときは、②のパターンで、ＯＢから取材を始めるのが常道です。古い時代のことをインタビューできる相手は、時間がたてばたつほど少なくなっていくからです。特に、創業後初めての社史である場合は古い時代の情報をまず集めることが最優先になってきます。創業者が存命の場合は、創業者が最初であることは言うまでもありません。創業者が亡くなっているときは、その奥様などに話をうかがうこともあります。

取材すべき相手がはっきりしてきたら、取材者リストに「氏名」「部署」（所属した部署）、「聞きたい内容」「取材予定日」などを記入します。これもエクセルなどの表計算ソフトを使って仮目次と連動するようにすると効率的でしょう。

編纂期間の長短にかかわらず、高齢のＯＢだけ、早急に取材を行いたいという要望もよくお聞きします。その場合でもやみくもに手を付けるのではなく、少なくとも年表（できれば基礎情報台帳）をつくって、その方にお尋ねすべき内容を特定した質問表を用意したり、記憶をたどりやすいように該当期間だけを抽出した年表を用意するなどして、聞きもらしがないように準備しておくのが原則です。

なお、①②いずれの場合でも、一連の取材に先だって現社長の話を聞き出す機会をもうけることが多いのですが、これは本文のための取材というよりも、社史の方向付けを確認するためという色合いが強いものです。

42 取材の進め方について教えてください。

●取材前にしっかり段取りを行うことが大切です。

①取材対象者へアポイントメントをとる前の準備

取材対象者にアポをとる前に、まず、取材対象者の経歴資料と質問項目を準備します。経歴資料は、社内の人の場合、生年月日、入社年次、何年にどの部署にいてどのような役職につきどのような仕事をしてきたかなどがその内容です。これは、その方への質問が的外れにならないようにするためでもありますが、本人にとっても、正確な年月日は意外と記憶が曖昧なことが多いためです。次に質問項目ですが、多くても一〇項目以内におさえておきます。質問項目の流れとしては、時代順に作成するのがオーソドックスです。また、できるだけ大きな流れをつかむように質問項目を立てることです。確認のための質問は、最後にまとめておくようにします。

②アポ取りは余裕をもってする

アポ取りは取材の一〇日～二週間前までには済ませ、相手の方に取材を受けるにあたっての準備をしておいていただきます。電話やメールで取材の趣旨を説明し、アポを取り、どのような質問をするか事前に伝えておきます。アポがとれたら、すぐに質問項目と年表と関連資料を送付します。取材は、一人ずつお話を聞くのが原則です。同時代の方が複数おられるとき、座談会形式にすれば話がはずむのではないかと考えがちですが、必ずしもそうとは限りません。ほとんど話すことなく終わってしまう方が出たりするなど、人選によっては取材のコントロールが効かなくなったりするので、慎重を期する必要があります。

③取材当日

当日は、必ず録音機材（ICレコーダーなど）と取材ノートを用意しておきます。質問順序は、前もって送った質問項目の通りでも、話の流れで順序を変えても構いません。不明なところが出てきたら後日の確認を依頼し、聞き取りは先に進めます。

謝礼については、訪問の場合は菓子折り、来社の場合はお車代くらいで十分でしょう。

④取材結果の整理

取材後は、必ず取材ノートにポイントをまとめておきます。わかりにくいところはテープを聞き直して確認します。取材対象者にヒアリングメモを送り、誤りはないか確認してもらう方法もあります。新しい事柄がわかれば必ず基礎情報台帳に追加記入しておきましょう。

取材はこのような手順で進めますが、制作会社（のライター）を使う場合は、①の質問項目作成、③の取材実務、④の取材結果の整理は一任してしまうことができます。

43 〝ありのままに〟正直に書きたいのですが可能でしょうか？

●難しいですが、できた暁には素晴らしい社史となるかもしれません。

今日では、会社は社会の一員であり、情報の公開についてフェアであるべきだという考え方が一般的です。その立場からは、書きにくいこと（不祥事など）も公正に記したほうがよいというのが正論ですが、不祥事に類することは、記述することによっていたずらに関係者を傷つけたり、追い討ち的な制裁となってしまう可能性もあって、書くのが正しいことだとも言い切れません。さまざまな政治的判断で、書くべきでないとされることもあるでしょう。

〝書きにくいこと〟についての立場を整理すると、おおむね次のようになります。

①扱わない

②結果（○○退任、○○工場操業停止などの客観的事実）だけを述べて、
背景・経緯などの詳しい内容説明は避ける

③当時マスコミなどに対外発表した内容を、そのまま載せる

④現在の視点で再評価を行い、これを新たな〝公式見解〟として記述する

⑤事実をありのままストレートに記述する

このようななかで、〝書きたくないこと〟にも勇気を出して挑戦した例はあります。

●流通業五〇年史（元会長のコラム）／ある元幹部の職権乱用について。「めでたい社史に、このような話はふさわしくないという気持ちもありますが、四〇年を経た現在、私の心の中で決して風化することのない苦々しい記憶を事実のまま述べて、社員の皆さんが五〇年という歴史の正しい認識とこれからの教訓としていただければ幸いです」との理由であえて記述。

●海運業五〇年史（本文）／発刊の一〇年ほど前、ある部門の人員を約半数に削減する事態に立ち至った。「……従業員の気持ちを思うと今でも心の痛むところである。当社の歴史に貢献してきた従業員であり十分の敬意を表した扱いとできる限り各人の立場を尊重することを原則とし……再出発に際してもできるだけの便宜と支援を心掛けた。その後（大量に離職者を引き受けた会社が数社あったこともあり・編者注）離職者全員の動向調査をしたところ、一名の例外もなくそれぞれ新しい職場に馴染みつつあることが判明し安堵したことも付記しておく」と一ページ以上を費やしてこの痛恨の出来事を記述しておられます。

右の例のように、あえて書くことで歴史の記録としてより充実したものとできたり、会社の考え方を表現したりすることもできます。思いきって正直に書くことを経営陣に進言されるのも、担当者の任務かもしれません。

44 調べてもよくわからない事柄はどうするのですか?

●正確な裏付けのある事実と、区別できるよう記述してください。

会社の歴史にとって大切なことを「はっきりしないから」という理由だけで削る必要はありませんが、「〇〇〇であったと思われるが詳細は不明である」などと注釈をつけることは忘れないようにしてください。

社史を編纂するということは、会社設立以来のいろいろな出来事を、社史編纂を機会に整理し、会社として正式に事実と判定するということです。後世の人(次代の社史担当者かもしれません)がその社史を見るときには、書いてある事柄はすべて事実であるとみなします。社外の経営史家なども、それを事実として引用します。ですから、社史をつくる立場にある方は、常に慎重であっていただきたいものです。

さて、はっきりしない事柄を書く際の方法ですが、最もポピュラーなのは、「……と伝えられる」「……という証言がある」「それを証拠立てる資料は残されていないが、複数の証言から……と推測される」などの表現ですが、それがあまり頻出しても「史料としての価値が低い」「想像だけで書いている」などの印象を与えかねないので、「だれそれ談」という形式のコラムにして本文とは切り分けるなど、文章の構成を工夫したりすることも必要です。

資料の少ない時代を略した企画も考えられます。ある企業では、「当社の歴史は、創業数十年後に現事業分野に転進してから本格化する。それ以前は〝夜明け前〟であり、無理をして探る必要はない」との前提で一〇〇年史を編纂されました。

社史編纂には精神的なエネルギーがかなり要求されますから、「いろいろ調べるとどうも〇〇らしいが、確証がない。しかし記録には残したい」という執念にも似た気持ちが担当者の心中に芽生えることもあります。ときに、社史では書けなかった事柄をトップ用の〝裏社史〟として別途にまとめる担当者もいるようです。

45 仕入先・客先、個人名はどこまで書くのが普通ですか？

●仕入先・客先は書きますが、個人名は原則として書きません。

社史は記録ですので、仕入先・客先は必要な範囲で明記します。

造船会社や建設会社などでは、主な受注物件を本文中に記載することが一般的です。これらの請負業では受注実績が会社にとっての〝勲章〟であり、発注者への感謝を最大限に表すことにもなるからです。物件の単価が大きく件数もさほど多くないため、必要な分はすべて記載するなどの配慮も行き届くでしょう。仕入れ・販売の面での系列会社、親会社なども書くことが多いようです。

反対に、会社の方針によっては、いっさい仕入先・客先名を書かないこともあります。いずれにしても社史はいったん配布されると「独り歩き」しますから、それなりの〝政治的配慮〟は欠かせません。たとえば、現在の競合社に知られるとよくない場合はイニシャルの表記にしたり、いっさい仕入先・客先は書かないことにしたりもします。また、明記することによって各方面に迷惑のかかることがないような配慮も必要です。

個人名の表記は、代々の社長や特に功労のあった役員程度にとどめるのが一般的です。その際、社外から見れば身内の名前ですから「初代社長・田中太郎」などと表記するのは言うまでもありません。稀に尊敬と親しみを込めた「田中太郎翁」などという表記も見られますが、「翁」は本来は敬称なので、身内に対してこの語をあてはめるのは、慎重な検討を要します。「氏」も、同様の理由であまり例はありません。

社長・役員以外の人名を明記しない理由には、「どうして○○君が載っていて、自分が載っていないのか」といった類の不公平感を嫌うからです。ヒットした製品開発について中心人物を取り上げたところ、同じチームだった別の人の遺族からクレームがあった、などという例は枚挙にいとまがありません。

しかし反対に、あえて個人名を出すことによって臨場感あふれる文章にすることもできます。発刊の狙いによっては、前向きに個人名表記を考えてみる価値があります。

46 社内で原稿を作成するときの文章の整え方を教えてください。

●簡潔明瞭を心がけるのがよいでしょう。

本文は最初から最後まで同じ調子で書き進めていくのが原則です。そのためには、複数の担当者で手分けして原稿を書くのか一人で書くのかにかかわらず、「原稿執筆要領書」などで文章の調子についてあらかじめ原則を取り決めておきます。

その内容は、たとえば漢字とひらがなの使い分け（「行う」と漢字で書くか、「おこなう」とひらがなにひらくのか）、洋数字・漢数字の使い分け、単位の表記の仕方をどうするかなどを列記したものです。こういった表記が混在していると大変読みにくくなります。『用字用語の手引』『記者ハンドブック』などといった辞典が販売されているので、それを参考にして基準をつくるとよいでしょう。

取り決め事項はこのほか、年号の表記（和暦のみで表す、西暦も併記するなど）、企業名の表記の方法などにもおよびますが、社史の「凡例」に説明されていることも多いですから、お手元の社史でご確認ください。

整った読みやすい文章にするために、表記の統一のほか次のようなことにも配慮します。

●一項目の長さをあまり変えない／一つの小見出し内の分量は、たとえば八〇〇〜一二〇〇字くらいの分量に揃えると読みやすいようです。

●数字（データ）の記録は表で示す／業界動向や会社の経営動向の記録は重要ですが、本文中にデータが頻出すると大変読みにくくなります。本文に書き込むのは重要なデータにとどめる、概要を述べ詳細は表にするなどの工夫が有効です。

●なるべく平易な文章を心がける／社内で原稿を書くときは、文章の得意な人が担当になることでしょう。腕によりをかけて、と構えてしまう人もおられるかもしれませんが、社史は文芸作品ではないので、書き手の個性は求められません。5W1Hをおさえて簡潔に書くのが原則です。

文章の長さは、できるだけ短いほうがよいようです。一行の長さにもよりますが、四〜五行以上の文章になると意味が理解しにくくなります。

社史は会社の〝らしさ〟（個性）を表すものでもあります。平易であることを強調すると無個性になるのではないかと心配になる方もあるかもしれませんが、そんなことはありません。いくら平易明瞭を心がけても、どうしても書き手や発行者（会社）の個性は文章に表れてくるものです。

47 外部業者に原稿作成を依頼する場合、どのようなことに注意すればよいですか?

●社史の執筆経験の有無と、依頼の範囲の明確化がポイントです。

外部業者(プロのライター)に原稿を作成してもらうと、次のようなメリットがあります。

- ライター自身の見識を踏まえた、立体的でバランスのとれた文章が期待できる。
- 情報を豊富に与えることができれば、エッセンスを的確にまとめてくれる。
- 記述の仕方の統一作業はライターが担当するので、担当者の負担が大幅に軽減される。

しかしデメリットもあります。発行者の業種・業態や社内事情については何も知らないこともあり得ます。社内の者にとっては当たり前の事柄を、ライターが事実誤認するかもしれませんので、担当者としては、「説明なしに社外の人間にわかるかどうか」に常に心を配って、社内関係者との橋渡し役をつとめるようにしてください。

ライターの選択にあたっては、次のことに留意してください。

●コピーライター/パンフレット、ポスターの宣伝文用に会社のことを切れ味鋭く簡明に描写するのが身上なので、一般的には社史に向きません。

●雑誌中心のライター／見聞は広いものの短い読みきりの記事が多いですから、長文の社史には向かないこともあります。書籍の経験があるかどうか、必ず確認してください。

●作家・ジャーナリスト／取材も文章もレベルが高い反面、主体性が強く、書き手が「ゴーストライター」となるのが原則の社史とのスタンスの違いを理解してもらえないこともあります。この点に理解がないと、意図と違う原稿が出来上がった、主語は当社なのに経済誌のような第三者的な批評が入っている、書き直しに応じてもらえない、などの問題の種になります。

しかし、こうした見極めはプロでないと難しいので、執筆を外注する場合は、制作会社を通すことをおすすめします。ご自分で確かめたいという場合は、社史執筆の経験のあるライターに限定し、まずはその過去に手がけた社史を読ませてもらってください。作品が良ければ面談し、企業経営についての理解があるか、経営者層とうまく応対できそうか、会社の事業分野について共感をもって接してくれそうかなどを見て、採用の可否を決定します。

次に依頼の範囲ですが、外部業者に原稿作成を依頼する際に、依頼の範囲が検討課題です。つまり原稿作成に要する手間という観点から、①元資料と取材を踏まえて一から原稿を書く（新規作成）、②会社側から素材となる原稿を支給し、取材・元資料と組み合わせつつ原稿を書く、③会社側からほぼ出来上がりに近い原稿を支給し、文章表現を調整してもらう（リライト）の三つの場合がありますので、どの方法を選ぶのかということです。ここで会社側、制作側の認識が食い違っているとトラブルのもとになりますのでご注意ください。

48 引用やほかの出版物からの転載の方法について教えてください。

●引用はルールを明確に。転載はまず出版元に問い合わせましょう。

社内報の掲載記事や社長談話などは上手に本文にはさみ込む（引用）と効果的ですが、守らなければならないルールがいくつかあります。

・引用の範囲が明確であること。引用部分をカギカッコ（「」）や罫線で囲んだり、引用の前後で少し行をあけるなどが通常の方法です。
・出典は明記する必要があります。
・原文にどの程度忠実であらねばならないかについては、「厳密に原文通りに引用する」「旧仮名遣いは新仮名遣いに、旧字体は新字体に直してよい」と幅がありますが、その方針を「凡例」に掲載するのが原則です。

「土方」「百姓」など差別用語は、一般的には使いませんが、「歴史的背景を理解してもらうために、あえて原文表記のままとする」こともあります。これも凡例でその旨を断ったり、当該個所に注釈をつけたりします。

社外でつくられた資料を引用する場合はこのような注意のほか、著作権にも配慮しなければなりません。著作権は原則としてすべての出版物に発生しますが、例外として、

・権利の対象として作成されていないもの（憲法など）

・官公庁が一般に周知させることを目的として流布するもの（統計資料など）

などがあります。以前は署名記事ではない新聞記事には著作権がないという見解がありましたが、現在では一部（死亡記事、火事、交通事故などの日々のニュースなど）を除き、一般報道記事や報道写真には著作権があるとされていますので、注意してください。これ以外のものについても、全体の何十％というような大量の引用でない限り、出典を明記すれば使用料を請求されることはまずありません。判断が微妙で気になるときは、その資料の出版元に問い合わせをしてみてください。なお、例外的に、歌詞についてはたとえ一部であれ掲載料が必要になりますので、日本音楽著作権協会（ＪＡＳＲＡＣ）に申請が必要です。

また、写真は一枚ごとに著作権がありますので、無断転用は禁物です。社史によく登場する写真として「東京オリンピック」「石油ショック時のパニック」などがありますが、これら報道写真は、新聞社や通信社が著作権をもっています。新聞社では「フォトエージェンシー」などの名で写真を貸し出すサービスを行っていますので、問い合わせてみてください。新聞紙面を画像として掲載する場合も、新聞社の許諾が必要です。紙面の画像提供を受けなくても掲載料が必要なケースもありますので、注意してください。

一〇〇年史を一〇〇のトピックスで構成

日活株式会社
谷口公浩様
藤原里絵様
関根英文様

●一〇〇周年記念事業の一環

当社は平成二四年の九月一〇日が一〇〇年目の創立記念日で、その前後一年間を含む二年間を一〇〇周年の記念事業を行う期間としました。一〇〇周年を過去の作品の版権などで利益を上げるビジネスチャンスとして捉えるだけでなく、そこに対外的な企業価値を高める活動と、社内の機運を高める啓蒙活動を加えて、記念事業の三本柱としました。社史制作はその一環として、社内活動部会が担当しました。

日活の正史は四〇年史と五〇年史を発行していますが、それ以降一〇〇周年まで、正史は一切つくられていませんでしたので、一〇〇周年を機に、一〇〇年の歴史をまとめようということになったわけです。空白の五〇年間を埋めることが、今回の社史編纂の主な目的でした。

『日活100年史 NIKKATSU ーCelebrating 100 Years of Historyー』
(A4判上製、240頁、平成26年3月発行)

●トピックス形式を採用

形式としては、出来事を起きた順にストーリーとして記述する編年体ではなく、一〇〇のトピックスを時代順に並べて歴史を構成していく形を採用しました。これだと直近の五〇年間に比重を置いても違和感がありませんし、年をまたがって起こった出来事もありましたので、トピックスごとに記述したほうがまとめやすく、わかりやすいと考えました。

しかし、実際にやってみると、トピックス同士で記述の重複が出てきます。最小限にとどめたつもりでしたが、全体を通読すると記述の重複が気になり、一方、全く重複がなければ、単独で読むと前後の出来事との関連性がわからなくなる。非常に難しい判断を強いられました。

また、企画段階で一〇〇のトピックスは厳選したつもりでしたが、実際に書いてみると、一つのトピックスを構成するほどの内容にならないとか、逆に内容が多すぎるなどの問題が出てきたため、途中でいくつかトピックスの入替えを行いました。

●作品史だけでなく経営史を

映画会社の社史は、どのような映画を製作してきたかを中心とする「作品史」の形を取ることが多いのですが、日活という会社はとてもドラマチックな経営面ももっていますので、それも積極的に取り上げました。

実際に経営的な側面を一〇〇のトピックスのなかに配置していくと、どのような経営的判断でロマン・ポルノの製作がスタートしたかとか、日活の黄金期がどういう背景で形づくられたのかなど、経営と作品との関係が見えてくるようになりました。

●最後まで苦労した肖像権、掲載許諾

映画会社の社史の宿命として、膨大な数の俳優さんの写真が掲載されます。これに関しては大変、苦労しました。

特に近年になってくると、映画の製作自体が一社でつくる時代ではなくなって、製作委員会

方式が主流になってきます。映画会社以外にもテレビ局であったり、出版社であったり、複数の会社が共同出資して一つの作品を製作する方式です。

この場合、ポスターやスチール写真を掲載するにも、委員会を構成する全社の許諾を得る必要があります。このように、一本の映画の写真を掲載するだけでも多数の許可が必要になるわけです。

●物づくりに携わっているという充実感

社史を形に残す、活字に残すということは非常に重要なことだと、率直に思いました。今は便利な世の中になって、パソコン上で見ればいいじゃないか、データ上に残っていればいいじゃないかと思われるかもしれませんが、写真一枚掲載するにしても、画像データをそのまま印刷用に流用したら階調がきちんと出ないというようなことが再三ありました。結局、当時から残っている紙焼きの階調が一番、再現性が高かったことがわかるなど、勉強になることが多々あったと思います。制作中も、物づくりに携わっているという充実感がありました。

社史を贈呈したOBの方からは、わざわざお電話やお手紙をいただいて、「ありがとうございました」と仰っていただきました。また、このように本の形にしたことによって、今すぐには使われなくても、必要になったとき辞書のような感覚で使ってもらえればと思っています。

編纂プロジェクトの解散後は総務チームに社史資料の管理、保管を引き継ぎました。今後、社史をつくるに当たってこういった情報、資料を継続的に収集・保管すべしという引き継ぎ目録も添えました。

これから社史をご担当される方には、兼務だと大変だと思いますし、社内ではさまざまな意見があり、プレッシャーもありますが、それでも、編纂している間は楽しかったことをお伝えしたいと思います。また、この記述はどうすべきかと迷ったときには、誰に読んでもらいたいものなのか、つまり読者をどういう方々に想定しているかということに、もう一回立ち返って考えるといいのではないかと思います。

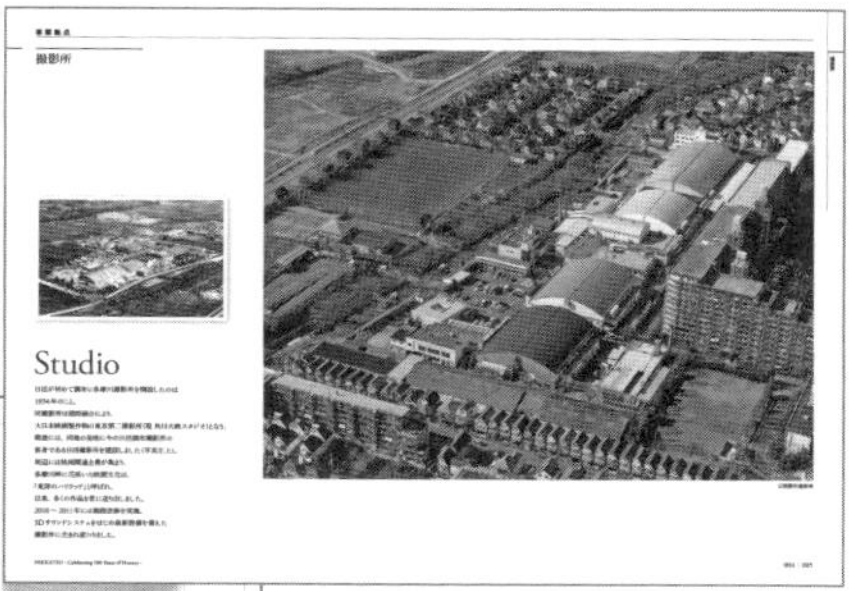
撮影所

Studio

© 2014日活

Topics 100 no. 020

戦後の再スタート

Topics 100 no. 021

レジャー産業、不動産業への進出

© 2014日活

49 口絵とは何ですか？ どのように構成するのがよいですか？

●口絵の企画はおおむね三つのパターンに類型化できます。

口絵とは、書籍や雑誌の巻頭に挿入される絵や写真などビジュアル要素主体のページの総称です。明治・大正期にカラーの木版画などを小説などの巻頭に挿入するようになって、モノクロの本文中に入れる挿絵と区別するために、いつしか口絵という呼称が生まれました。本文の間に挿入する場合は「中口絵」と呼びますが、これが中＝本文の間、口＝巻頭という相反した言葉の合成語になっているのは、口絵という言葉に、モノクロからカラーへ印刷台を変えるという意味が含まれているからです。社史はかつてはモノクロの本文が主流でしたから、巻頭や本文の間にカラー口絵を挿入するのが定番でしたが、モノクロとカラーの印刷コストの差が縮まりオールカラーの社史が増えてきた現在、このあたりの事情が曖昧になっているために、口絵の位置付けが曖昧になりがちなのはたしかです。

では、現在では社史の口絵はどのような役割を与えられているのでしょうか。口絵には、巻頭から読者の興味を引き付け、内容のイメージを印象付ける役割があります。オールカラーであるか否かを問わず、この点は現在の社史でも変わりありません。企画の傾向は、おおむね以下のように大別できます。

●会社案内型／現在の業種・業態をビジュアルで表現します。通常は社屋や工場、製品などの写真で構成されます。部品メーカーや素材メーカーなどB to B系の業種の場合は、自社製品を使用した最終製品の写真を掲載することで「社会のここに役立っています」という点をアピールすることもあります。社員が働く姿を撮影した職場風景を入れることで、ダイナミックで生き生きとしたイメージの喚起を狙うケースもあります。

●イメージ型／これも業種・業態紹介ですが、具体的な建物や製品ではなく、それらを造形的に撮影したり、写真を合成したりして、事業のイメージを抽象的に表現します。大企業の社史に多いパターンですが、撮影費用がかかるので最近はあまり見られません。

●歴史ストーリー型／創業期から写真や製品、文書などが残されていて、ビジュアル要素だけで会社の歩みを表現できる老舗企業の社史で多く見られます。写真の意味を説明することによってストーリー性をもたせるため、説明文が長めになる傾向があります。

以上が多くみられるパターンですが、ほかにも全社員の写真を掲載したり、記念式典の模様を載せたりなど、いろいろな種類があります。口絵には資料編のような決まりごとはありませんので自由な発想でつくられて構いませんし、口絵をもうけない社史も少なからずあります。

50 社員参加企画とはどのようなものですか?

●親しみやすさや共感性を増すために、誌面づくりに多数の社員が参加する企画です。

社史は会社が主語の出版物なので、一社員からすると縁遠く感じられがちです。そこで社員に少しでも親しみをもって受け止めてもらえるように記事構成に工夫をこらすことがあり、社員参加企画もその一つです。歴史の共有による社内の一体感の醸成に主眼をおく場合に用いられる手法ですが、企画の仕方によっては、対外的に会社の「今」や「未来」を伝える記事とすることもできます。代表的なものをいくつかご紹介しましょう。

●思い出寄稿

社史は第一に記録であることから、客観的記述に終始しがちです。そこで、本文で表しきれない感動のエピソードなどを、関係者の思い出話の形で掲載します。先輩やOBの方々が社史に顔を出すことで親しみやすさや共感性を増すことができる上に、歴史の記述に人間的な深みを加えることもできます。コラム記事として本文に挿入する、章間や巻末などに寄稿文をまとめて掲載するなど、掲載方法には幅があります。

●座談会

ＯＢが当時の様子を語り合ったり、社長と若手社員とで会社の未来像について話し合ったりする企画です。懐旧座談会でも、取引先との協力のエピソードなどは関係の強化につながりますし、オーナー系の企業などでは次期社長と若手社員の座談会を掲載することで、対外的に継承をアピールするケースもあります（詳細はＱ51を参照してください）。

●一言コメント・社員アンケート

「社史編纂室が勝手に社史をつくっている」という雰囲気は社史制作にとって好ましいことではありません。それなら、制作プロセスそのものに全社員が参加し、皆で周年を祝おう。そういう発想から生まれた企画です。「会社イメージの社内アンケート調査」「将来への一言メッセージ」「思い出を一言ずつで」などさまざまなバリエーションがあります。タイムカプセル的な効果もあり、対外的にも「生き生きとしている」「社員満足度が高い」など好ましいイメージを醸し出せますが、独りよがりになりすぎると対外的には逆効果ですので、社外にも配布する場合は企画に注意を要します。

●集合写真、仕事風景スナップ

会社を支えている社員一人ひとりに社史の紙面に登場してもらう企画です。部署ごとに集まって撮影する、仕事風景を撮影するなどの手法をとります。ただし、社員の写った写真やお名前を社史に掲載する場合、個人情報保護法にふれることがあるのでご注意ください

51 社内座談会のテーマ・参加者はどう決めたらよいですか?

●テーマと参加者をリンクさせて考えてください。

座談会を催す狙いはいくつかありますが、その一つはOB、先輩、同僚社員を制作に参加させることによって、社員の関心を社史にひきつけるということです。せっかく社史をつくっても誰も読んでくれないようでは、寂しいものです。そういう事態を避けるために、「仲間」を誌面に登場させるわけです。また、堅くなりがちな本文に比べ、読みやすいということも読まれる要因となります。

もう一つの狙いは、本文では書けないこと、書きにくいことを記録するということです。たとえばある画期的なプロジェクトについて記述するとして、本文ではあくまで事実関係を中心に書いていくしかありません。しかし座談会ならば、そのプロジェクトの関係者の口を借りて「開発の裏話」「苦労話」「精神的なプレッシャー」なども書くことができ、歴史像に奥行きをもたせることができます。

座談会に参加するメンバーですが、一般的には、歴史を振り返る内容のときには旧経営陣・

●創業の頃を回顧する／古参社員5名

●戦後復興期の会社像／創業者と同郷のOB5名

●ABCプロジェクトの展開（製造業）／関係者6名

●まちと共生する港　センターと横浜の10年（財団法人）
／市長・大学教授・タウン誌編集長・理事長

●お客様と共に（サービス業）／社長・若手社員6名

●働く喜び　明日の○○への夢（労働組合）／組合員9名

●○○会社の2050年を視る（製造業）／若手社員5名・作家（司会）

●未来創世　○○の今とこれから／中堅・若手社員6名

▲ 対談・座談会のタイトルとメンバー例

OBらが中心になります。将来を展望する内容のときには若手〜中堅にかけての方と、取りまとめ役（聞き役）として社長や上司が参加したりします。人数は最大で七〜八人くらいまででしょう。あまり多いと一人あたりの発言が少なくなったり、極端な場合には一言も言えずに終わる人が出て、まとめに難渋するといったトラブルの要因になります。

メンバーとテーマとは密接に関連します。取り上げられるテーマは①創業期を振り返る、②歴史上の画期となった出来事を振り返る、③これからの会社のあり方を考える、などが大勢をしめています。

52 座談会の上手な運営の仕方を教えてください。

●話題のポイントは事前に決めておき、参加者に周知しましょう。

座談会は〝闊達に語り合う〟という建前であっても、社史に載せる以上、発刊の目的にそった内容、周年事業に華を添える内容でなければなりません。そのため、座談会の開催にあたっては〝筋書き〟をつくっておくのが普通です。誰が何を言うかまで決める必要はありませんが、どのようなポイントにふれ、どう方向付けるのかについて、事前に検討したり必要ならリサーチをしたりして、決めておいてください。

司会役は、制作会社やそのライターが担当することもできます。特にライターの場合は原稿にまとめることを想定して話の流れを切り盛りしてくれるので、失敗は少ないといえますが、社外の人間であるため、参加者が緊張して固くなりがちという面もあります。

発行者側で司会役を務める場合は、参加者が〝一目置く〟ような人を立ててください。話がはずまなかったり、逆に本来の話題からそれていったときにうまく誘導しなければならないからです。あまり若手ですと、参加者に対して気後れして言うべきことが言えなかったりするおそれもあります。

いずれにせよ、自由に語り合うという進行では、「そうですね」と一言だけの人、一言さえ発せない人も出てきてしまいます。せっかく参加してもらったわけですから、少しでも発言してもらえるよう、司会役が順番に話を振っていく進行が一般的なので、司会には、そうしたさばきができる人を選ぶ必要があります。

座談会の内容を原稿に起こす際には、重複や説明不足を適宜補っていきます。その場では話が流れていても、活字にすると不備が目立ってしまうということもあります。さらに、極端に発言の少ない人がいるときは、よく話している人の発言を移してバランスをとることさえあります。読ませるための文章にするにはそれくらいの加工が必要なので、参加者にはその旨を、事前に断っておくほうがよいでしょう。これを怠ると、原稿チェックの段階でトラブルに発展することもあります。

また、こうした処理はプロのテクニックなので、本文は社内執筆でも、座談会の原稿は外注というケースも多々あります。

なお、ほとんどの場合、座談会の記事にはその情景の写真がつきものです。撮影にあたっては、場所の設定、各人の位置関係などについて、カメラマンや制作会社の担当者などと事前に打ち合わせておく必要があります。

53 資料編にはどのようなデータを掲載するのですか？

●大量のデータを載せる場合も、まったく割愛する場合もあります。

社史の巻末には通常、「資料編」をもうけて経営数値や歴代役員などデータ類をまとめます。経営数値は、本文でも折りにふれ要因分析などに踏み込みながら記述されますが、すべて網羅されることは稀で、また一覧性もないことから、巻末にデータ集としてまとめるわけです。その一般的な内容は、左表をご覧ください。

資料編は巻末だけのものとは限りません。「数字で見る○○年」などとして巻頭にくることもあります。たとえば周年を機にＩＲに力を入れたいとき、巻頭カラーの部分にグラフがあれば会社の実力を明快にアピールすることができます。ただしこれはＰＲが目的ですから、厳密な意味での史料としては不足があります。

明快に事実を物語るグラフだからこそ、載せないというケースもあります。会社によっては日頃から経営のデータは公表しない方針をとっていることもありますし、発刊の目的に照らして必要ないというケースもありえます。

項目	簡略(基本)型	詳細型
●定款	現行定款	現行定款 原始定款
●組織図	現行組織	現行組織 組織の変遷
●会社概要	会社現況	会社現況 事業所所在地の変遷など
●関連会社	現行関連会社一覧	現行関連会社一覧 関連会社の変遷
●役員	歴代役員任期一覧 現役員写真	歴代役員任期一覧 現役員写真 歴代役員肖像
●業績・財務・株式	売上高の推移(グラフ) 利益高の推移(グラフ) 資本金の推移(グラフ)	売上高の推移(グラフ) 利益高の推移(グラフ) 資本金の推移(グラフ) 貸借対照表(全期) 損益計算書(全期) 株式数・株主数・株価の変遷
●従業員	従業員数の推移	従業員数の推移(職種別・男女別内訳など) 給与体系の変遷
●福利厚生		福利厚生制度の変遷 従業員教育・研修制度の変遷 社員寮・社宅の変遷
●技術		技術の変遷 特許・実用新案
●設備		製造設備の変遷 工場の変遷
●商品		商品の変遷

▲ 資料編の掲載項目例

54 グラフはどの程度正確に表現しなければならないのですか？

●わからないときは「不明」と注釈を。発刊の目的によって対応も異なります。

お考えの社史が、「史料」としての価値を追求するものであれば、できうる限り正確に表現したいところです。データが揃わない場合は、想像で補うのではなく、わからない年次はあけておき不明である旨の注釈をつけるのが原則です。「創業数年くらいまで会社組織が整っておらず従業員数すら不明」などの例は少なからずありますし、そのような注釈をつけるのは社史として決して恥ずかしいことではありません。

稀な例ですが、「値下げ要請が激しいので、格好の口実を与えてしまう」との理由で、わざと〝下方修正〟されたグラフを見たことがあります。ここまでくると政治的判断としかいいようがありませんが、上場企業であればもちろん許されませんし、未上場企業であっても、記録という社史の本来の趣旨からいってルール違反です。真実の数値を記載した資料が長期にわたって保管される保証がない限り、後世に誤りを伝えることになってしまいますので、あまりおすすめできません。それなら、むしろ掲載しないことをおすすめします。

最後に、「業績が振るわないので、格好が悪い」という理由もお聞きしたことがあります。しかし今日ではすべての企業が右肩上がりで伸びていくわけにはいかないのは自明です。長い歴史のなかには良いときもあれば悪いときもある、そういうことが明快にわかるテキストとして社史を位置付けられるのも考え方次第ではないでしょうか。ためしに当社の手元にある社史の資料編を見てみますと、バブル崩壊から数年間やＩＴバブル崩壊、リーマンショックなどの影響で、一本調子で右肩上がりしている売上高は非常に少ないですし、むしろおおむね停滞しているといっていい状況のようです。

55 年表の記事の詳しさや構成の決め方を教えてください。

●詳しさは本文＋アルファ、構成は「当社」「業界・社会」が基本です。

巻末に掲載する年表の内容は、基本的には本文で取り上げた事項＋アルファと考えればよいでしょう。どのような種類の項目をどの程度の詳細さで記録するかは、基礎情報台帳の内容によって決まります。乱暴な表現ですが、大小さまざまな事柄を詳細に書き込んだ基礎情報台帳を、読みやすさを考慮して簡単にしたものが巻末の年表であるということです。どの程度までダイジェストするかによって、簡単なものになるか詳細になるかが決まるのです。ダイジェストするにあたっては、あらかじめ一定の基準をもうけておきます。たとえば、

- 全社的な委員会の設立は記載するが、部内の委員会のそれは記載しない
- 事業部以上の組織（人事）の改変は記載するが、事業部未満のそれは記載しない
- 毎年恒例の行事（入社式、ＴＱＣ大会、慰労行事）は初回を記録し、以降は特徴のあったものだけを記載する

などです。

年表の構成ですが、一般的なのは「当社事項」「業界・社会事項」の二分割、もしくは「当社事項」「業界事項」「社会事項」の三分割です。バリエーションとして、当社事項を事業部別、工場別にしたり、技術開発、主要商品などの枠を追加したりした例もあります。しかし、工場など組織やグループ会社など組織単位で経営の変遷をたどる意図がある場合は別として、メーカーの技術開発史や商品史などテーマ別の変遷をたどる場合には、むしろ系統図にして資料編に掲載する場合は多いようです。

同じように、施工実績、取得特許など、すべて記載すると年表記載事項の大半がそれで埋まってしまうような事項も、別に一覧表化して資料編に掲載されることが多いようです。

56 どうすれば上手に祝辞を依頼できますか？

●相手任せにせず、書いてほしい内容を丁寧に説明することです。

祝辞のお願い先としては、親会社の代表者、大手取引先の代表者、当該分野の識者、ＯＢ会会長、特約店組織の長などが挙げられますが、総じて社会的地位の高い人が多いといえます。そこで依頼するほうとしても多少とも遠慮がちになってしまうようですが、遠慮が過ぎると、文字数が足りなかったり、多すぎたり、ほかの方々の祝辞と著しくトーンが違いすぎるなど不測の事態をまねいて、却って迷惑をかけてしまうことにもなりかねません。

祝辞を依頼する際には、まず電話などで意向を確認した後、文書で正式に依頼をします。

おさえるべきポイントは、

- 依頼の趣旨
- 文字数
- 写真やサインの要不要
- 締切日

・社史の発刊予定日

などです。文書の最後には、文字数の制限やレイアウトの都合で多少手直しをさせてもらうこともあり得る旨のコメントをつけます。また、近くの方の場合は受け取りに行くのが礼にかなっていますが、郵送で返してもらうときは、必ず返信用封筒をつけます。メールで依頼する場合でも、メール文だけで済ませず、正式な依頼文書を添付文書として付けるようにします。

そのように依頼の意図を丁寧に説明したとしても、ときにはいただいた原稿が良くないこともあります。このような場合は先方様の品位にも関わるので、そのまま掲載するには問題があります。理由を説明して丁寧に書き直しをお願いするのはもちろんですが、締め切り後の話ですから発刊までの時間も限られています。できれば、こちらで見本原稿を用意するなり、失礼にならない程度修正するなどして内容をあらかじめ指定し、「僭越ながら例文をつくってみました（あるいは、少し手直しをさせていただきました）。ご加筆をお願い申し上げます」などとするのがよいでしょう。

なお、最近は取引先の多様化が進んだこともあってか、祝辞を掲載しないケースも見られるようになっています。

二〇〇年の大きな節目に すべての方々に感謝を伝えたい

塩野香料株式会社
取締役総務部長 三宅健一 様

●社史を通して次の世代につなげたい

今まで社史をつくったことがなかったため、二〇〇年を節目として、これまでの歴史を振り返り、当社に関わるすべての方々に感謝の気持ちを伝えたいという思いから制作がスタートしました。また、社史を発行することで、塩野香料の歩みを社内外で再認識し、次の時代につないでいきたいと思ったことも社史制作のきっかけの一つです。

今回、昔の貴重な資料の数々を多く掲載しています。古い資料は、三〇年ほど前に現在の社屋を建てるまでは、商家づくりの社屋の倉にまとめてありました。建て替えの際には、資料を移動させたことがありましたが、「これは貴重な資料だから」ということで誰かがまとめてくれていました。

『塩野香料株式会社
200年の歩み』
（A4判並製、168頁、
平成22年4月発行）

社史を編纂するにあたって、担当をもうけて二～三年かけて資料の仕分けを行いました。そうして整理された資料を改めて見ると、ある程度時代別に仕分けがされていたので、大いに助かりました。現在は、社史制作で参考にした資料はひとまとめにして保存してあります。

二〇〇年の歴史・資料をまとめることは、想像以上に大変でした。当社内の出来事に関して、すべての資料を調べて、一つひとつ裏付けをとっていく作業を行うのです。たとえば、創業時からしばらくの間の事柄については、誰もが知りうる客観的事実ではないため、さまざまな資料から事実確認を行う必要がありました。ただ、苦労をした甲斐だけあって、間違いのない形で出来上がっていると自負しています。

●社史編纂により数々の事実が判明

社内に古い文献が多く残されていたため、興味を引く資料も多く、やや脱線しながら、その時代の背景や歴史にふれる時間が多々ありました。資料を探しに行って、写真に写っている人たちや風景に思いを馳せ、資料をめくりながらしばしその時代に思いをめぐらせることもありましたね。

また、歴史を調べているうちに、昔から語り伝えられていたことが事実であると資料によって証明されたり、想像もしていなかったことが判明したりすることがありました。たとえば、当社が日本で初めてポリスチレン樹脂を開発したという事実や、後の化学業界の立役者となるような方々が当社から輩出されたことなどがわかりました。直接仕事に役立つことではないに

せよ、社史を通じてさまざまなことを勉強できました。

●社内外それぞれに意義のある社史に

出来上がった社史を配布して、社内外からたくさんの意見をいただきました。

社員からは、「塩野屋吉兵衛の話」や「初めて国産エッセンスをつくったこと」など、漠然とした形で伝わっていた会社の歴史が、初めてはっきり理解できたという感想をもらいました。また、戦争を知らない世代の社員が多くおりますので、社史を通じて、台湾進出などの戦争をはさんだ塩野香料の歴史を、客観的事実として正しく知ることができたとも聞いています。

私個人としては、社員に社史を読んでもらうことによって、会社に対する愛着の醸成につながれば発刊した意義があると感じています。

社外の方々からは、御礼状やお電話をいただき、みなさん共通して「読みやすい」という感想を多くいただきました。二〇〇年という長い歴史を編纂したことに対しての賛辞もありました。社史には、これまで公にしていなかった事柄も載せていますので、当社のことを深く知っていただけたのではないかと思います。

また、「塩野香料の社史を通じて、香料業界全体の流れがよくわかった」という話も聞いています。当社のビジネスモデルを説明することで、香料業界の歴史が伝わるようにと編纂してきましたから、そのような賛辞をいただけたのだと思います。

メーカーの社史では技術史が重視されるケースが多いかと思いますが、当社の二〇〇年史ではそのようなスタイルをあえて採らず、起こった出来事を淡々と綴っています。

私たちは香料製造という仕事に誇りをもっていますが、香料という性格上、私たちの技術を市場にアピールして需要を喚起するというものでもありません。ですから、技術史として殊更に創意工夫をアピールするのが適切かどうかとの考えを自問し、今回の社史の編纂内容になったわけです。現在の当社の仕事については、後の人たちが的確に評価してくれることを期待しています。

© 2010 SHIONO KORYO KAISHA, LTD.

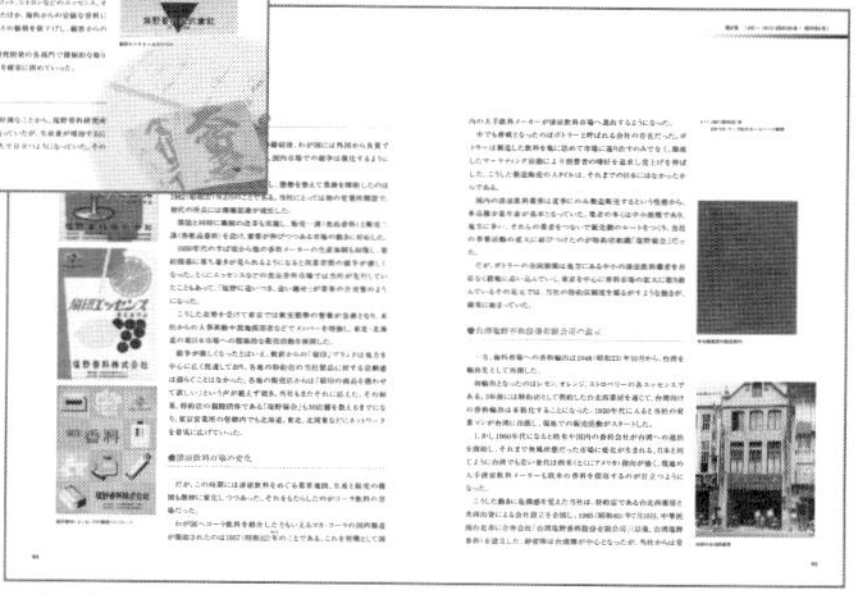

© 2010 SHIONO KORYO KAISHA, LTD.

読まれる社史にこだわり、二種類の仕様で制作

千葉交通株式会社
総務部総務課　課長補佐　奥田直弘 様

●さまざまな資料をもとに詳細年表を作成

一〇〇年史の編纂室長を務めた小澤勝己さんには、発刊の約二年前の平成一九年に正式に依頼をしました。当時系列会社役員だった小澤さんはその約二年前、社長と出かけた際に、道すがら当社が鉄道会社だった頃の軌道跡の説明をしたそうです。まったく面影をとどめていない街を見たこと、会社の歴史に興味をもつ小澤さんの存在を知ったことがきっかけで、「そろそろ一〇〇年。せめて社史はつくりたい。協力してくれないか」とそのときに社長が言ったといいます。小澤さんは、まさか現実の話になるとは思っていなかったそうです。

以前発刊した六〇年史（B5判・四〇ページ）は写真中心のものでした。一〇〇年史は、社長から「予算枠は特に決めていない。体裁も構成もすべて任せる」と言われ、ゼロからのスタートでした。当社は鉄道、発電、バスと事業内容が著しく変化しています。その関係で古い資料は散逸し、所在もつかめていませんでした。それを集める一方で、OBや小澤さんの個人所有資料、郷土史家の方々にご提供いただいた資料をもとに、まずは詳細年表をつくることから始めました。その過程で、世間に認識されてきた

『100年の歩み
北総地域とともに
一世紀 1908～2008』
（A4判上製／並製、
204頁、平成20年
11月発行）

当社の歴史の一部は事実に相違すると反論できる資料が見つかりました。正しい情報を発信するには会社の歴史を正確に記録しておく必要があると再確認し、徐々に一〇〇年史の構想がまとまっていったのです。

●好評を博した巻末付録

編集の最終段階では、明治時代の地図に手書きされた旧路線図が見つかりました。貴重な資料をいかに掲載するか試行錯誤した結果、B1（一〇三〇×七二八ミリ）用紙両面にほかの資料も加え、付録の形としてまとめました。地図を壁に貼りたいというご要望があり、さらに二枚ずつお届けした献本先もあります。旧路線の沿線住人の方や一般個人の方々からも分けてほしいというご依頼をいただきましたが、資料提供者が多岐にわたっている関係もあってお断りせざるを得ませんでした。寄贈先の図書館で見たという大学の研究室からの問合せも多くありました。

苦難を乗り越えてきた歴史を知るほどに、小澤さんも私も今まで以上に会社が好きになっていきました。頼まれて始めた作業でしたが、函館まで日帰りで資料を調べに行ったり、休日を

© 2008 Chibakotsu Co., Ltd.

利用して撮影に出向いたり、資料を補足するためのイラストを書き起こしたりと自主的に作業に励みました。大変なこともたくさんありましたが、実に楽しかったです。

一〇〇年を経た会社は不況に強いという人がいますが、それは単に年月を重ねたからではありません。振り返って思いを馳せる歴史があるということが一〇〇年続いた会社の強みだと思います。事実を積み重ねた年表をきちんと残しておけば会社の流れはおおむね把握できると考え、制作過程で作成した年表をすべて掲載しました。営業概況を原文のまま掲載したり、国内の動きを詳しく載せたのは年表に書かれた事柄をよりよく理解してもらうためです。

●読んでもらうことを第一に考える

平成一九年三月に編纂室を立ち上げました。年表は小澤さんがつくり、私は資料収集・整理にあたるなど、実作業は主に二人で進めました。でも私たちが楽しそうに作業をしていたからか、若い社員たちが興味をもって自主的に資料を探してくれたり、大量のコピー作業を積極的に手伝ってくれるなど、思わぬ効果がありました。

創業時と事業内容が変わっていたり、本社を何度も移転しているため、資料の多くは紛失していて、資料の収集にはとても苦労しました。また、原稿の締め切り近くになって追加資料が発見されるなど修正が続いたため、最後は時間にかなり追われてしまいましたが、しっかりした編集体制があったから、つくり上げることができたのだと感じています。

年表をより充実させていく過程で、棚に飾られるだけではなく、たまに取り出して読んでほしいという思いが強くなりました。「読まれる社史」というこだわりを優先した結果、二〇〇ページが手に取って見るための重さの限度と考えました。読みやすさだけなら並製本がベストでしたが、お客様に配布する分は保存や見た目を考慮して上製本が良いと考え、並製本と上製本の二種類をつくることにしたのです。

　同業他社の社長から「今後社史をつくる際の参考にしたい」と書かれた礼状をいただき、中身をきちんと読んでいただけたことを嬉しく思いました。OBの方々からは在籍時の思い出を綴った手紙を多数いただきましたし、OBの集まりでは「よくここまで調べたものだ」と話題になったと聞きました。家族で社史の話題で盛り上がったという声もあり、頑張った甲斐があったと思います。

© 2008 Chibakotsu Co., Ltd.

　社史制作の第一歩は制作会社（出版社）を選ぶことにあると思います。私たちの意見を取り入れ、イメージを具体化するアドバイスがもらえるかで制作の成否が決まります。また、一概には言えませんが、多人数で分担するのも一つの方法ですが、中身の詰まった社史をつくるには歴史の流れを把握する専任者の存在も大事です。会社に愛着をもち、歴史に興味をもって取り組むことが大切ではないかと感じています。

57 上製本と並製本の違いを教えてください。

●固い表紙が上製本、やわらかい表紙が並製本です。用途に応じて選んでください。

上製本は板紙（芯ボールといいます）に薄手の化粧紙やクロスを貼った固い表紙の本で、別名「ハードカバー」といいます。一方、並製本は厚手の化粧紙だけのやわらかい表紙の本で、別名「ソフトカバー」といいます。「上」と「並」という言い方でわかるように、上製本のほうが高級とされ、コスト面でも割高です。たしかに、上製本には高級感があり、耐久性も高いのですが、その反面、重い上に表紙が曲がらないので手にとって読みにくいという難点もあります。当然、並製本の得失はその逆になるわけですが、これを踏まえたうえで、社史の場合はどのような理由でどちらが選ばれているか見ていきましょう。

以前は、社史と言えばケース入りの上製本が圧倒的でした。しかし、最近はカラーのカバーや表紙を付けたカジュアルな感じの並製本の社史も増えています。社史の傾向が記録一辺倒の堅い内容から、読んでもらうことを意識した多様な内容へと変化しつつあることと、これは軌を一にしています。周年記念の配布物としての体裁重視の発想から、親しみやすく読み

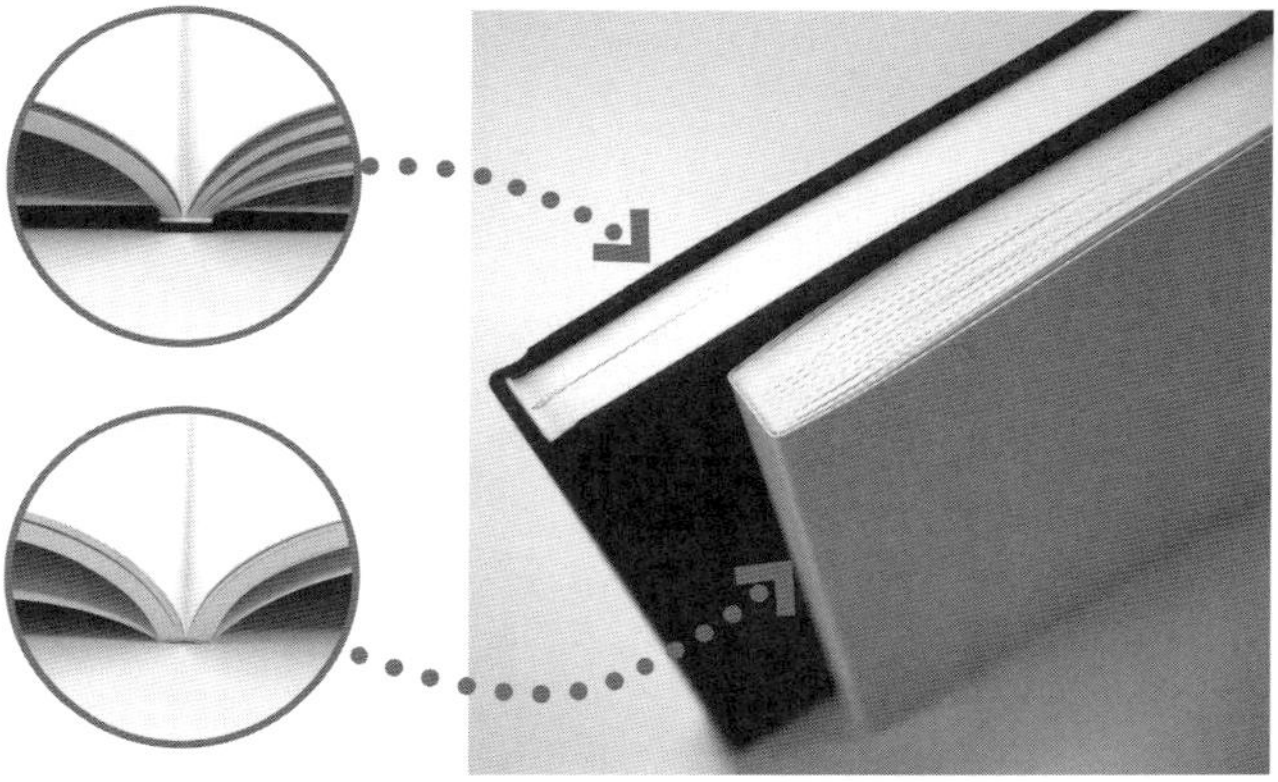

▲上製本（上）と並製本（下）

やすいことを重視する方向へシフトしてきているわけです。とはいえ、一方で対外的にはやはり高級な体裁をというニーズも根強く、社外には上製本、社内向けには並製本とつくり分けるケースも多くなってきました。

ちなみに、ケースとカバー（Q58参照）はどちらにも付けることができますが、並製本に高級仕様であるケースを付けることは稀です。また、上製本にカバーとケースの両方を付けることもあまりありません。どちらも本体の保護が目的なので、どちらか一方とするのが普通ですし、また、ケースからの出し入れ時にカバーが痛みやすいという理由もあります。

58 カバーや表紙のデザインはどのような考え方で決めたらよいでしょうか?

●高級感や重厚感が大事でしょうか、会社の個性を出すことが大事でしょうか。

書店流通本の場合は、店頭で手にとってもらうことが第一ですから、カバーや表紙は目を惹くデザインであることに主眼が置かれます。しかし、配布を前提とする社史の場合は事情が違い、傾向としては、以下のアプローチに大別されます。一つは、会社の顔として個性を追求するアプローチで、業種や企業イメージをアピールすることに主眼を置く会社案内や入社案内のような発想です。もう一つは、周年記念の配り物としての高級感や重厚感を重視するアプローチです。ただ、書籍の外観であると同時に保護材でもあるカバーや表紙は資材の制約を受けます。その点を軸に上記のアプローチとの関係をご説明しましょう。

●カバー・表紙／カバーは元々、書店流通本の表紙保護のために考案されたもので（傷んだカバーを巻き替えて再流通します）、必ずしもカバー付き＝高級というわけではありません。カバーは外れやすいので読みにくいという方もいらっしゃいますし、好みの問題といえるでしょう。用紙はカバーには薄手、表紙には厚手の紙を使いますが、厚さの違いだけで、種類に制約を受けることはありません。凹凸や模様のついた紙（ファンシーペーパーなどの特殊紙）も使用できますし、印刷や箔押しもできます。

●表面加工／長期保存が前提の社史の場合、紙の表紙には耐久性を高め、汚れを付きにくくする表面処理を施すことをおすすめします。表面処理にはＰＰ加工とニス引きの二種類があり、効果が高く、そのぶん高価なのはＰＰ加工です。ただし、粗めのエンボス（凹凸）のある紙にＰＰ加工は馴染まないので、その場合はニス引きとなります。

●クロス貼り表紙／上製本の表紙には紙のほかにクロスを貼ることができます。高価ですが、そのぶん高級感や重厚感がでます。ただ、クロスに印刷はできませんので、文字やロゴマークは箔押しすることになります。写真を掲載できないことはもとより、クロスや箔の種類も限られますので、シンプルなデザインになりがちです。また、織り目が粗いクロスの場合、細かい模様の箔押しはできません。

●ケース／本を収納する板紙（ボール紙）製の箱で、板紙の生地のままのボールケースと、板紙の箱に化粧紙を貼って仕上げる化粧ケースがあります。板紙の代わりに半透明のプラスチックを使うこともできます。重厚感や高級感を出すならシンプルなデザインの化粧ケースがおすすめですが、化粧紙にカラー印刷をしたり、カラーの表紙が透けるプラスチックケースと組み合わせたりして、化粧ケース付きの上製本ながら個性を前面に押し出すデザインもあります。

59 写真撮影時のポイント、注意点について教えてください。

●やはり、事前の入念な計画が重要です。

①役員、社長の撮影

多忙な方々ですから、あまり撮影時間をとれないのが常です。しかし、照明などの機材のセッティングまで含めると、一カットでも最低三〇分はかかります。撮影そのものは一〇分程度なのですが、機材のセット、照明の調整、撮影後の後かたづけを含めると、そのくらいかかってしまうわけです。そこで、あらかじめ機材をセッティングした部屋に、社長や役員の方々に入ってもらうようにします。さらに、演出（肖像写真の場合はポーズ、集合写真の場合は並び方）、役員の並び順などをも決めておけば、スピードアップが図れるでしょう。

②事業所（執務風景）

事務所の内部を撮るには、事前に責任者との調整をしておきます。たとえば適度な数の社員にはいてもらったほうがよいですし、整理整頓も必要です。机上にあまり書類、文具類が散乱しているとみっともない写真となります。また、できればカメラマンに頼んでファインダーをのぞかせてもらい、写真に写ると支障のあるものがないか確認をしてください。カメラマンなどの部外者にはわからない「支障」というのは結構あるものです。

パソコン操作、接客などの場面で、社員をモデルに仕立てて撮影することがあります。この場合はモデルの人選はなるべく事前に済ませておいてください。

③工場

事業所の撮影での注意点とほぼ同じです。特にヘルメットや作業着、作業靴など安全管理に関わる事柄については要注意で、モデルになる人だけでなく遠景に入る可能性のある人も含めて周知徹底しておきます。

季節にも配慮します。半袖の夏服では無用の季節感を強調してしまいますし、葉を落とした冬季の木立も同様です。その意味で、撮影計画は早めに立てることをおすすめします。また、戸外の場合は、空の青さ、日光の角度によっても撮影できなくなりますので、綿密な撮影計画と、雨天・曇天時の予備日の設定もしておきます。

ところで、電線や看板、あるいはその影などが写り込んでしまうことがあります。最近はコンピュータ処理技術の発達によって、かなり細かいものまで修正が可能ではありますが、それなりに費用はかかります。そういうものが入らないような角度から撮影可能ならば、それを選ぶにこしたことはありません。

60 社長にはどの段階でチェックしてもらえばよいですか？

●本づくりの重要ポイントではすべてチェックしてもらいましょう。

今まで営々として積み上げてきた成果が、社長の一声で覆されてしまう……考えたくない事態ですが、重要な節目ごとにコンセンサスを得ていないと、これは十分あり得ることだとお考えください。一方、一定の水準まで形の整った状態でなければ経営陣には上げにくい、あるいは上げても受け付けてもらえないというケースが多々あるのも、これまでの経験則から承知しています。しかし、残念ながら、この件に関しては特効薬はありません。ここでは、本づくりにとっての重要ポイント（いったん通過すると、やり直すのが難しい）についてふれておきますので、社内事情を勘案しつつ、最善の方法を選んでください。

●**基本方針、編集方針の決定**／これは会社にとっての社史の意義付け・方向付け（基本方針）と、その具体的表現法（編集方針）ですから当然最重要のポイントです。きちんと議論をしてその決定を明文化しておき、常に確認をしながら作業を進める必要があります。

●**仮目次**／本の設計図にあたる部分です。実際に出てきた資料を踏まえてつくられたもので、最初の計画がどの程度実現できるのかということも表しています。ですから今までの編纂作業を総括し今後の方向性を定める意味で大変重要なのです。原稿は仮目次に即して書き進められますが、執筆後に仮目次（構成）のレベルにまで影響のおよぶ修正指示が出たとすると、誇張ではなくその原稿は一から書き直しとなってしまいます。さらには再取材が必要だという事態にまで発展するかもしれません。

●**本文の書き出し**／文章には書き手のくせや個性が出てきますから、原稿がある程度できてきた時点で文体などをチェックするため、書き出し原稿をチェックしておきます。ここで文章の調子について注文をつけたり、微調整では希望通りにならないと判断されれば書き手の交代も行います。

●**全文のチェック**／第一次原稿で早めに見てもらうのがよいか、完成に近い状態がよいかは一概に言えません。社風次第というところです。

●**色校正**／巻頭のカラーページは、まずはデザインレイアウトができた段階で（カラープリンターで刷ったもの）、その後念のため色校正も見てもらうということが多いようです。

●**表紙**／「本の顔」とも言えるところで、しかも好みだけで物を言える数少ない部分ですから、かならず一言は注文があります。

61 校正のコツを教えてください。

●社内・社外の役割分担を明確にし、遅くても確実にこなすことです。

校正のコツは、一度にたくさんの要素をチェックしようとしないことです。まず最初は重要事項に漏れはないか、全体のつじつまは合っているか（離れたところで不整合が生じていないか）、事実関係が間違っていないか、文章表現は適切かなど大きなところをチェックして、最後に単純な誤字脱字がないかを見るわけです。ここまで来たら一度原点に返って「社史発行の趣旨に合致しているか」を確認するようにすれば十全でしょう。

特に重要な記事（会社理念、代表者挨拶、役員の就退任、顧客関連など）については原典に戻って確認することをおすすめします。原稿執筆にあたって使用した資料に転記ミスがひそんでいる可能性もあり、このレベルの誤りは、原典と照合しないことには発見できないからです。

すでに制作会社が編纂作業に参加している場合は、校正の役割分担の取り決めが重要です。一般的には、社内事情に関することは発行者側がチェック、その他文章やデザイン上の不具合は外部の者が担当します。制作会社は企業内部の事情がわからない分、誤植（誤字脱字）だけは避けるべく最大限の努力を払いますから、発行者側は、事実関係と社名・人名などの固有名詞のチェックに専念するほうが効率的です。

制作会社への訂正指示は、なるべく集約して窓口となっている担当者から書面で連絡するようにします。同じページに対して何枚もの校正紙があったり窓口以外の人から指示したりすると会社側でも制作会社側でも混乱が生じます。写真を差し替える際に、同じようなものを何枚も渡して制作会社に選ばせるのも手違いのもとです。

実は、校正というのは、すべてにおいて完璧というわけにはいきません。ですが、校正ミスには許されるものと許されないものがあって、たとえば「実施された」が「実施さた」になっていたというような、誰が見ても間違いとわかり、事実関係を誤って認識するおそれのないものは害がありません。それよりも、取引先の社名を間違えるとか、「無事故」が「事故」になっていたなどは、関係者に迷惑をかけることになってしまいます。このようなことのないよう、役割分担の原則は尊重しつつも、双方が協力しあって作業を進めていかなければなりません。

スピードは遅くとも、初校、再校といった校正の段階を踏んでチェックを確実に重ねていく、いったん決めたことは覆すことのないよう議論を尽くすという心構えが、ミスのない本づくりに直結します。

62 謹呈箋、挨拶状の手配はいつするのですか？

●校正の終盤には準備を始めましょう。

編纂作業も終盤となると校正のやりとりで忙殺されるため忘れがちなのが、この謹呈箋・挨拶状の手配です。

謹呈箋は前見返し（表紙のすぐ裏）にはさみ込む短冊で、「謹呈　○○株式会社」などと書かれています。これを入れておけばお渡しする先様に対して丁重な印象を与え、「有償ではない」意図も伝えることができます。費用もわずかなことですから、ぜひ入れられることをおすすめします。

謹呈箋よりもさらに丁重な方法として、挨拶状を前見返しにはさみ込むことも多いようです。「○○周年の記念として社史を発刊いたしましたので、ご高覧賜れば幸いです」といった趣旨の挨拶を刷ったハガキ大くらいの書状です。社内での文書の作成、組み上がった文字の校正などの分、謹呈箋よりも日数をみておく必要があります。

いずれも制作にはさほど時間を要しませんが、印刷所でのはさみ込み（印刷用語で「投げ込み」といいます）のタイミングを逸すると、新たにはさみ込む時間をとるために完成時期が延びたり、社内でいちいちはさみ込むことになります。依頼のタイミングは制作会社・印刷会社と必ず事前に打ち合わせておいてください。

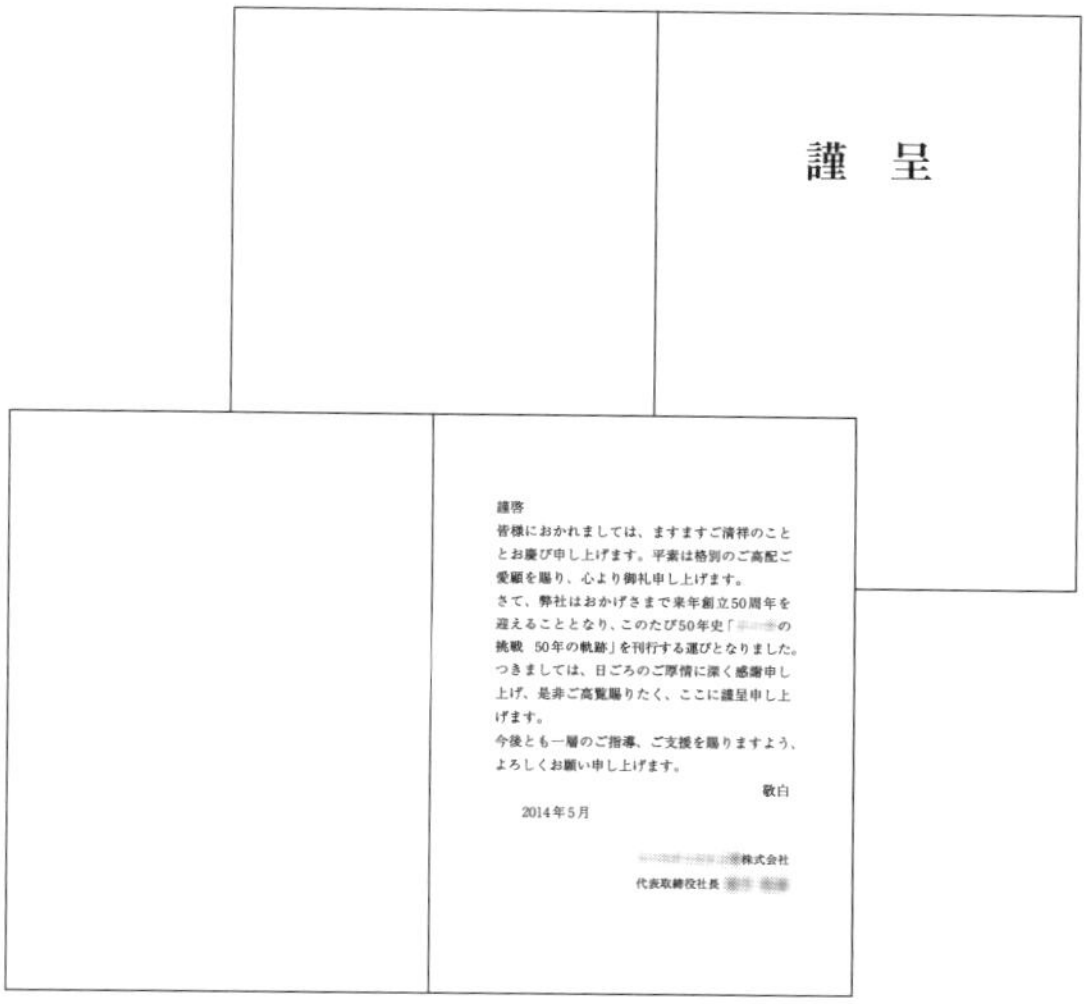

謹　呈

謹啓
皆様におかれましては、ますますご清祥のこととお慶び申し上げます。平素は格別のご高配ご愛顧を賜り、心より御礼申し上げます。

さて、弊社はおかげさまで来年創立50周年を迎えることとなり、このたび50年史「の挑戦　50年の軌跡」を刊行する運びとなりました。

つきましては、日ごろのご厚情に深く感謝申し上げ、是非ご高覧賜りたく、ここに謹呈申し上げます。

今後とも一層のご指導、ご支援を賜りますよう、よろしくお願い申し上げます。

敬白

2014年5月

株式会社
代表取締役社長

▲二つ折りの挨拶状

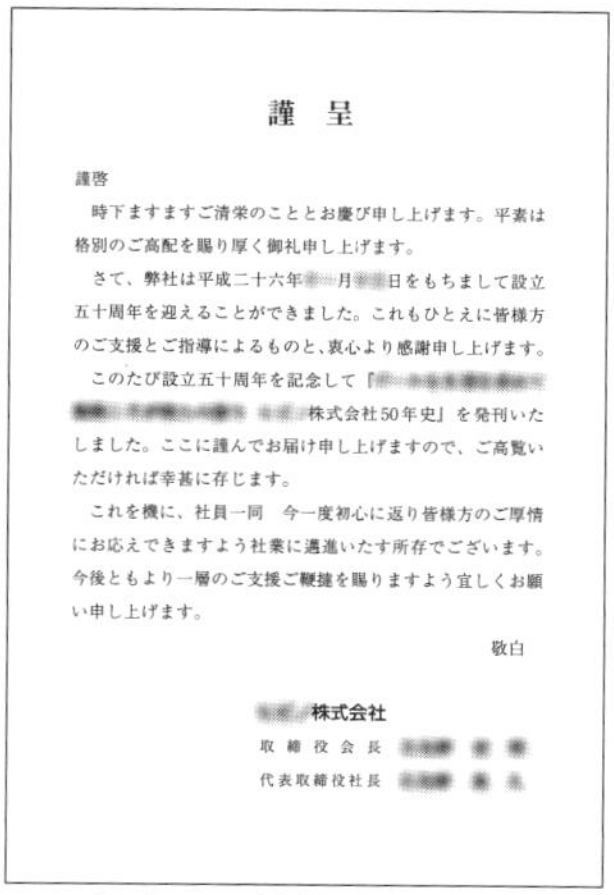

謹　呈

謹啓
時下ますますご清栄のこととお慶び申し上げます。平素は格別のご高配を賜り厚く御礼申し上げます。

さて、弊社は平成二十六年月日をもちまして設立五十周年を迎えることができました。これもひとえに皆様方のご支援とご指導によるものと、衷心より感謝申し上げます。

このたび設立五十周年を記念して『株式会社50年史』を発刊いたしました。ここに謹んでお届け申し上げますので、ご高覧いただければ幸甚に存じます。

これを機に、社員一同　今一度初心に返り皆様方のご厚情にお応えできますよう社業に邁進いたす所存でございます。今後ともより一層のご支援ご鞭撻を賜りますよう宜しくお願い申し上げます。

敬白

株式会社
取締役会長
代表取締役社長

▲一枚ものの挨拶状

63 土壇場での訂正、仕様の変更はどこまでできるのですか？

●土壇場での変更は避けるのが無難です。どうしてもという場合は……。

一般論としては、後の工程になるほど内容の変更はしないほうがよいといえます。コスト増加をまねき、発行の遅れやミスを誘発する危険があるからです。一般的には、訂正・変更は工程ごとに次の範囲にとどめるのが安全であり、常識的です。

●**文章の構成**／原稿段階で構成（章・節・項）は確定してください。
●**写真**／掲載個所の変更はレイアウト初校まで。個所は変更せず差替えの場合は再校まで。
●**文字校正**／誤字脱字でなく〝気になるから〟程度の変更は再校まで。

このように変更の内容によって、どの段階までに対応しておくべきかが変わります。とはいえ、そう理屈どおりに進めることも難しいのは事実です。

「係長、課長、部長、社長の修正指示が二転三転しそのたびにデザインをし直した」
「最終段階になって基礎情報台帳の不備が続々判明し、巻末年表や本文の記述にまで影響した」

「〝社長あいさつ〟がモノクロでは寂しいと、色校正を見た社長から変更指示があった」

こうなると、原稿の作成費、デザイン費、印刷費などに無駄な出費をすることになり、発行時期にも影響が出てしまいますので、コスト・スケジュールをどこまで維持できるかを制作会社に確認して無理のないように進めてください。無理な工程は思わぬミスを誘発します。

仕様変更の限界については、コストと時間のロスを無視すれば、次のようなタイミングが一般的な線です。

●**製本仕様**／並製本から上製本に変更など、書籍本体は製版前までなら問題ありません。ただし、並製と上製ではコストだけでなく、製本にかかる時間も違うので要注意です。

●**版型**／原稿確定後、レイアウトに入る（組版）前までなら問題はありません。

●**ページ数**／どのような理由によるページ増かにもよりますが、記事の追加によるページ増は、製版に移る直前までは対応可能です。ただし、コスト・期日の維持は難しいでしょう。

●**部数**／随時対応可能ですが、印刷会社が用紙の購入をする前までです。ただし、布クロスや特殊紙は印刷会社に在庫がないことも多いので、対応しきれない場合もあります。

●**モノクロページをカラーに**／製版前まで対応可能です。ただし写真がカラーになるだけでなく、デザイン全体に手を入れることになると、時間と費用はかなりロスします。

いずれにせよ、最終段階に近付けば近付くほど、仕様変更はコスト増をまねきがちです。十分にご注意ください。

64 印刷の仕組みについて簡単に教えてください。

●印刷・製本の流れを知っていれば、無用なコスト増が防げます。

わずか二ページで印刷製本の概要を説明することは到底不可能ですから、ここではポイントをいくつか述べたいと思います。

まず印刷ですが、たとえばＡ４判の本だからといってＡ４の用紙に印刷するわけではありません。Ａ１（全紙八四一×五九四ミリ）やＡ２（半裁全紙の半分）などの大きな用紙に一六ページ分、八ページ分を一度に刷って、それを折りたたんで本にしていきます（この一単位を「折り丁」といいます）。そこで、本のページ数は原則として、一六の倍数、八の倍数となります。お手もとの紙を半分に折りたたむことを三回繰り返してみてください。それを再び広げますと紙が八等分されているはずです。この八分の一が一ページに相当します。

印刷はこの折り丁ごとに行われるため、たとえばモノクロ印刷の本文のなかで一枚の写真だけをカラーにしようとすると、その写真が掲載される折り丁全体をカラー印刷することになり、不経済であることがおわかりいただけるでしょう。カラーページとモノクロページを混ぜるときには、八ページ、一六ページの折り丁単位で考えなければなりません。

この後、実際の印刷時の発色を見るための試し刷りである色校正の段階になります。この段階での訂正は、訂正ページのデータを再度、印刷所に渡し、印刷所で該当ページのデータを差し替える形で行われます。ページをつくり直す費用だけでなく、印刷所でのページデータの差し替え料金も発生しますので、それまでの修正より割高になります。この点からも、印刷所に渡す段階になる前に校正を済ませておくようにしたいものです。

印刷の後には「製本」がひかえています。印刷した紙を折りたたんで、折り丁をページ順に重ねて綴じ、表紙を巻いて接着、周囲を裁ち落とします。この間、全体が綴じられ接着されるまでの間は、万一間違いが発見された場合、先ほどの八ページ、一六ページ単位の印刷のやり直しができますので、全部をやり直すのに比べて損害を少なくおさえることができます。そこで、印刷した用紙（印刷用語で「刷り取り」「一部抜き」などといいます）を取り寄せて最終確認する場合があります。ここで修正をする場合は、データ修正代に加え印刷代、用紙代までロスが発生します。また納期の面でも遅れが生じることとなります。

印刷製本は編纂のなかで最終の工程であるため、前工程の遅れの影響をもろに受けますが、印刷製本の工程を圧縮するとトラブルのもとになります。特に、本はポスターやリーフレットなどと違い、ページ数が多い分、工程も複雑なので、無理押しは禁物です。早い段階から印刷会社に尋ね、日数を逆算したうえで校正を完了することが重要です。

何のため、誰のための社史かを考えた

パイン株式会社
管理部　次長　毛利浩祥　様

●皆に読まれるものをと「文庫本スタイル」に

創業五〇周年記念にあたっては記念行事が行われ、社史を発行するだろうということを、私はそれとなく感じていました。そして三年前、社長から「創立五〇周年を機会に会社の歴史を何らかの形でまとめておこう」という提案があり、当時、総務課にいた私が編集を任されました。企画段階で社長から出た指示は、「他社の社史のように、さまざまな数字や出来事の記述をベースにしたものはうちの社風に合わないからよそう。それよりも、〝親しみやすく〟〝読みやすく〟〝パインらしい〟ものにして、とにかく配った相手の人に読んでいただけるものにしよう。特に、社員には理屈ではなく気持ちとして会社のルーツというか、精神を知ってもらいたい。そのうえで、これから先自分たちが何をしなければいけないのか、一人ひとりに考えてもらえたら、それにこしたことはない」ということでした。

飾りものはいらない、社員たちが将来を考える役に立てばいい——という社長の考えには、私も心から共鳴することができました。というのは、昭和六〇年から発行された社内報の『ふれあい』に、「道」というコラムをもうけて創

『パインアメ物語』（A6判並製、224頁、平成13年1月発刊）

業者である現会長の幼少期から昭和三九年の大阪本社移転や滋賀工場建設などまでの経緯を詳しくまとめてあり、写真なども収集・整理済みとなっており、私はそれらの一連の作業を見聞きして、決算書のようなもの以外はあまり保存されていないことがわかっていたからです。また、いくら気張って分厚いものをつくっても、そのようなものはあまり歓迎されないということをほかから聞かされてもいました。

そういったことを出版社の方に率直に述べると、「それだったらこういう方法があります」ということでいくつかの提案を受け、結局は文庫本スタイルにして、いつでもどこでも手軽に読んでいただけるものにしようと考えて、タイトルも優しく親しめるようにと『パインアメ物語』に決めました。

文庫本スタイルにしたことのメリットはいくつもありました。たとえば、あるはずだ……と言われながらも見つからない資料をいつまでも探し続ける手間が省けたこと、時系列の記述にあまりこだわらなくても済んだことなどです。

●自分がしなければいけないことに専念

ところがそこで、一つの問題に突き当たりました。社内報のコラム「道」には、昭和四〇年代から五〇年代にかけてのまとまった記述がなかったのです。昭和四〇年代前半の日本は高度経済成長期のラストスパートにあたる時期でしたが、その後はドルショック、オイルショックが続いて戦後最大の不況に陥りました。昭和五〇年代も再度のオイルショック、それに貿易摩擦や円高、赤字国債など、それまで経験したことのない出来事に次々と見舞われたときです。

たしかに、当社でもその間は滋賀工場要員の相次ぐ退社や組合結成など、多難なことが頻発していました。しかしその反面、研究開発に力が入れられ始めて新製品が次々と誕生するなど、創立期とは違った意味の活気や新たな意欲が芽生えていた時期でもありました。

そこで私は最初の編集方針を思い起こし、「ない資料にはこだわらない、あるものでどこまでやれるか」ということを考えてみました。幸い、ライターさんや出版社には編集開始の初期に滋賀工場で生産現場を見学してもらっていましたから、私の考えを前提に打ち合わせを繰り返し、新製品のカラー写真を数多く掲載するなどして、数字的な推移よりも当時の活き活きとした生の雰囲気を伝えることに力を注ぎました。

また、編集責任者としては、文章の細かい部分などは出版のプロに任せて、提出された原稿内容のチェックに注意を絞ることにしました。

まず、原稿を素読みして大きな流れのなかで引っかかることはないか、いろいろな出来事が前後していることはないか、最後に社名や商品名などの間違いはないか、誤解を招くような言い方はされていないかといったように、およそ三段階くらいのフィルターをかけてチェックすることにしました。そのうえで、自分ではわからないこと、あるいは判断できないことは、その理由を書き出して社長の決断を仰ぎました。

●何をしたいか、何ができるか

ただ、私がこの一連の仕事を通じて感じたことは、「トップの意向と、担当者としての考え、希望をどのように調整するか」ということの大切さです。担当者がいくら他社の社史を研究して意欲に燃えても、会社の意向にそわなければ実現することはまずありません。さらに、いくら大企業の立派な社史に劣らないものをと意気込んでも、会社にそれだけの歴史もなく資料もない状態では、それは無理というものです。
言い換えれば、限られた予算や時間、それにこれが最も肝心なことですが、「残っている資料でどのような社史ができるか」ということを、いかに早くトップに提案できるかということが大切だと思います。つまり、会社としてしたいことと、できることは違うということを冷静に認識することが大事なのです。また、個人的には経営資源を重点化し、最大限に活用するうえでのいい勉強になりました。

＊本書に関するお問い合わせは
パイン株式会社　大阪市天王寺区生玉寺町一番五号　電話　〇六・六七七一・八一〇五

Ⅱ　パイン製菓創業

1　飴メーカー業平製菓創業

あかんたれのヤッサン――上田保夫の生い立ち

上田保夫は、大正10年、大阪市浪速区関谷町に生まれた。場所は商売の神様で名高い今宮戎の参詣道にあたる。父親はここで業平製菓所という米菓子製造業を営んでいた。屋号の「業平」は、平安時代の色男として名高い歌人、在原業平からとった。従業員二十数名、女中3名の大所帯。保夫はこの典型的な大阪の商家の次男として生まれ育った。当時、大阪で従業員数20～30人の菓子製造業は、グリコをはじめ10軒ほどしかなかった。

子どもの頃の保夫は、弱気で引っ込み思案な性格だったため、親からは

中学時代の保夫。既に家業を手伝っていた

働き者だった保夫の両親（金婚式の祝いの席で）

35　Ⅱ　パイン製菓創業　　34

65 納品された本の検品のポイントを教えてください。

●仕上がりが予定通りかどうかを各部にわたって検査します。

納品を受けたら、まず最初に仕上がりが予定通りかどうかを検品します。不具合が起こりやすいのは次のような点です。

①ケースと本体の寸法が合っていない

ケースがゆるゆるすぎて簡単に本体が抜け落ちてしまう、あるいはその反対に、ケースと本体とがきわめてタイトで取り出しにくいことがあります。ただし、取り出しやすさはそれぞれの素材の相性によっても違いますから、束見本（厚さを判断するために実際の製本時と同じ紙で製作された見本）との差異が大きいかどうかが検品のポイントになります。

②表紙・ケースの背文字が中心に合っているか

③印刷の濃淡（刷りムラ）

印刷は八ページか一六ページを一まとめにして刷り、それを何回か折って（折り丁）、仕上げの大きさにします。そこで、折り丁ごとに印刷の具合が微妙に違うということもありうるわけです。ですから、たとえば八ページ目と九ページ目で印刷の色調が違うこともありえます。印刷会社も管理を徹底していますが、それでも完全とはいきません。厳密に同じ色でなければならないときは、制作会社・印刷会社に相談をされるのが得策です。

④落丁・乱丁

折り丁を帳合する際に、折り丁が欠落したり、上下反対になったりする事故も皆無ではありません。またこれは、すべてがそうなってしまう場合と、たまたま数冊がなってしまう場合がありますから、不具合があったときはすべてがそうなのか、一定割合がそうなのかをまず最初に確認します。

⑤よごれ

よごれは、刷版にキズがついたりしてすべての本に付いてしまう場合と、小さなゴミなどの混入によって、たまたまその本だけに付いてしまった場合とがありますので、一冊だけなのか、すべてそうなのか確認する必要があります。

もし万一不具合が見つかったら、すぐに印刷会社・制作会社に問い合わせをしてください。具体的な対策は①印刷し直す、②補修をする、③品質に大きなダメージを与えない場合はそのまま受け取るなどです。本として致命的な不具合であって、その責任が制作会社・印刷会社側にあるときは、印刷のやり直しをさせることができます。

66 もしもミスが見つかったらどうすればよいですか?

●フォローの方法はいくつかありますから、慌てないでください。

考えたくないことですが、本が納品されてきてぱらぱらとめくるうちに、誤植が発見される……血の気が引いてしまう瞬間です。

誤植などが見つかったら、修正する必要があるのかをまず冷静に考えます。たとえば「○○でした。」が「○○でた。」になっていたとすれば、少し格好は悪いですがそのままにすべきです。内容の理解には支障がないですし、どなたに迷惑のかかるものでもないからです。しかし人名や社名が間違っていたら、先方様に対して失礼にもなり間違った情報を「正しい情報」として後世に残すことになるので、これは正したほうがよいでしょう。

その方法はいくつかあります。一つは「正誤表」という小さな紙片を前見返しに投げ入れるもの。費用面でもスケジュール面でもダメージは小さくて済みます。

次にシール貼りという方法もあります。当該部分とその周辺だけをシール用紙に正しく印刷し直し、一冊ずつ間違った部分に貼り込んでいきます。白地の本文などではほとんどわからないこともありますが、地色がある場合などはまったく同じ色に刷ることは難しいので、修正箇所は目立ってしまいます。シールを貼るにはある程度の器用さが必要なので、印刷から貼り込みまで印刷会社に任せることをおすすめします。費用・スケジュールとも正誤表よりロスが大きくなります。

最後に問題のページをいったん切り取って、新しいページを差し込むという方法もあります。これは目立ちにくさという面ではほぼ完璧で、プロでない限りまず見抜くことはできません。それだけに熟練した技術を要するので、費用・スケジュールの面でも多少の覚悟が必要です。また大部数の本には向かないかもしれません。

これらの方法は、完成した本そのものに細工をほどこすので、印刷会社に返送しなければならないこともあります。手間も費用もかかるので、やむを得ない事情のあるとき以外は、見本を確認してから全数を搬入してもらうようにしたほうが無難です。

67 受け取りと配布の方法について教えてください。

●印刷中に準備を整えておいて、なるべく一斉に配布します。

出来上がった社史を受け取るために、搬入してもらう場所を確保しておかなければなりません。スペースの目安ですが、B５判二〇〇ページの上製本だとすると、一〇〇〇部をまとめて置くと天地左右高さとも一メートル強ほどを占めます。

さて納品されてきた本を検査（Q65参照）して異常がなければ、いよいよ内外への配布となります。

社史の発行目的はQ３にふれたようにいろいろあるわけですが、なかでも「取引先への感謝を表す」という項目は重要です。そこで社長・役員らで分担して重要な取引先にもっていったり、営業担当者が分担して配布してまわったりします。その際はできれば一斉に、短期間に済ませてしまうのが得策です。先様が「なぜ当社には来ないのか（遅いのか）」という気持ちをもたれたとして、その不満を表明してくだされば対応もできますが、ほとんどの方はそう思っても口にはされませんから、社史の配布がマイナス効果をもたらしかねません。社史は会社にとっての〝外交のツール〟でもあるので、どこに配るか、どうお渡しするかということについては、ある意味で〝政治的判断〟も入ります。

寄稿してくださった方、情報提供にご協力くださった方々にも、なるべく早めに配るようにします。持参するのが丁寧でよいかもしれません。

パーティや式典でも配布しますが、最近はお持ち帰りいただくのは重くて恐縮だからと、別途に発送することも多いようです。郵便や宅配便などで発送する場合は、できれば挨拶状を同封するか本の前見返しに入れておけばよいでしょう。個別発送は制作会社・印刷会社のほか、ダイレクトメール関係の業者でも対応してくれます。

配送の際に角が傷まないよう、書籍用のボールケースや緩衝材の入った封筒を利用することもあります。また、配送先のリストづくりにエクセルなどの表計算ソフトを使いますと、重複のチェックに便利なのはもちろん、プリントアウトしたものをそのまま伝票に加工できますから効率的です。

配送を終えますと、早ければ翌日からお礼の電話があったり、手紙が来たりと多くの反応があるそうです。当社はお礼状を受け取る立場ではないので詳しくはわかりませんが、やはり、熱を込めて編纂にあたった社史ほど熱い反応が返ってくることはたしかなようです。

68 万が一にもクレームが起きないようにするには、何に注意すればよいでしょうか？

●社史のもつ社会的な影響力に留意し、十分な議論を尽くして編纂してください。

社史の編纂とは、会社の歴史を評価することにほかならないので、人によってはその評価に賛同してもらえないのもやむを得ないと考えるしかありません。しかし、せっかくの周年事業ですから、皆に喜んでもらいたいものです。さまざまな事柄に配慮し、クレームが起きないように、万一起こってしまった場合にはきちんと説明ができるように、議論を徹底しておくことが重要です。

起こり得るクレームは、卑近なところでは「誰が功労者なのか」をめぐる争いがあります。社史に功労者としてたたえられた方とは別に、それは自分がやった仕事だという方が出てくるというものです。物事にはさまざまな面があり、しかも過去のことは資料以外に検証のしようもなく、その資料でさえ当時の作成者の主観が入らざるを得ないのですから、完全に公正に判定するのは至難です。ですから、なるべく万全にできるように最大限の努力をし、手続きを踏んでいかなければなりません。

また、インタビューに応じてくれた方からは、「自分の証言が載っていない」「言ったことと違う」などというクレームもあり得ます。これは、「お話しいただいたことすべてを載せるのではない」とあらかじめお断りしておくなり、インタビューのテープ起こしをその方にきちんと見ていただいて承認を得ておくことなどで防げます。

歴史の評価そのものに対するクレームもあります。ある社史の本文で「こうして事業構造の再編を終えた当社は一からの再出発を期することになった」という記述に対して、「一からとは何事だ。それまでの実績を無視するのか」とクレームがついたことがあったそうです。これなどは歴史をどう評価するかということそのものに関わってくるので、先方様に会社の考えをきちんと説明できるよう、事前に議論を徹底しておかなくてはならないでしょう。

これらは社内的なものですが、社会的に影響のある事柄になると深刻です。

歴史の長い企業の社史になりますと、戦前の朝鮮人・中国人「強制連行」についてふれざるを得ないこともあります。知名度の高い、社会的影響力の強い企業ほど、その社史も注目されるものですから、歴史の専門家に相談にのってもらうなどの慎重さが求められます。

また「土方」など現在は使われない言葉も、あえて使う場合はその意図をきちんと説明しておかなければなりません。

69 社史の活用事例を教えてください。

●社員教育に組み込めば、継続的に活用できます。

自身多数の社史を執筆した経験をお持ちの経営学者・橘川武郎先生は「社史は、戦略的に活用することによって、企業間競争に勝ち抜くための『武器』となる」と仰っています。せっかくつくった社史がただ〝本棚の肥やし〟になってしまっては、関係者の苦労が報われません。では、社史の活用にはどのような方法があるでしょうか？

歴史を記録するだけでなく「学びの材料にしよう」という温故知新の立場からは、社員教育ツールという使い方があります。ある塗料卸会社さんの事例では、社員を対象に「七〇年史を読んで～これからの当社と私の役割」をテーマに論文募集をされたそうです。会社の歩みを踏まえて今後を考えてもらうためのこの企画は、全五〇〇人の社員のうち一四〇人が応え、入社六年目の社員が最優秀賞をとられたそうです。社長は忙しい執務の合間をぬって全編に目を通し、社員が考えていることを理解するのに役立ったとのことでした。

ほかにも、会社がこれまで直面してきた経営課題とそれへの対応プロセスを詳細にまとめたケーススタディ集をまとめられた会社もありました。これはオーソドックスなスタイルの50年史をまとめ、そのなかの重要トピックスについて裏面史をまとめるというものでした。それぞれについて失敗要因や社内の軋轢《あつれき》などかなり深く突っ込んだ内容となっていたため、厳重に社外秘とされました。巻頭言に寄せられた社長の「不確実なこの世を突破していくには執念をもって考え抜くしかない。先人たちの執念が記録された本書を参考資料としてほしい」という言葉が光っていました。ちなみにこの企画のチーフを務めた若手社員はこれを機に社長表彰を受け、視察を兼ねた海外出張がプレゼントされたそうです。

　くだけた使い方では、社員旅行の際、バス中での余興として社史から題材をとったクイズ大会を催された会社もあります。そしてそれぞれのバスでの優勝者が、夜の宴会で決勝戦を繰り広げ、大いに盛り上がったそうです。

　なかには社史を昇格試験に使っておられる化学メーカーさんもありました。主要製品開発の経緯や主要客先との取引の経緯、近隣に迷惑をかけた事故の顛末など、社員として知っておくべきことを試験問題とされたそうです。

　社史は使いようによっては社員教育のツールにぴったりですから、年間計画や社員教育プログラムのなかにはめ込めることを考えてみてはいかがでしょうか。

　最後に、いかなる活用をするにせよ、情報が検索しやすくなければ社史としては使い勝手が悪いことになってしまいます。ぜひ巻末に索引をつけることをおすすめします。

社員に勇気・活力・共感を与える社史をつくりたい

株式会社デルフィス
管理局 局次長、総務室 室長、役員室 室長 **坂東秀穂 様**
総合企画局 戦略企画室 **田中典子 様**
管理局 総務室 **淺野浩司 様**

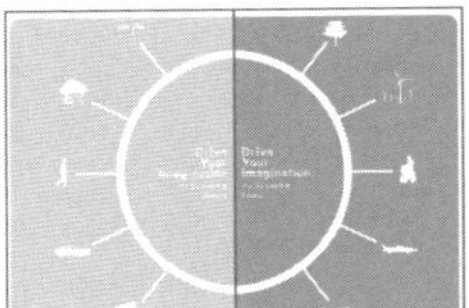

『Drive Your Imagination デルフィス60年史』
(A4判並製、94頁、平成21年6月発行)

――五〇年史に続き、六〇年史を発刊された理由を教えてください。

五〇年史は当社の前身、南北社の歴史を中心にまとめたものです。代表的な広告作品を整理した広告会社らしい資料に仕上がっていますが、経営史としての記述が少なかったのが反省点でした。創立五〇周年を迎えた平成一一年三月、当社はトヨタ一〇〇％資本のグループ会社になりましたが、その後の一〇年は社名変更や、海外進出、社長交代、営業拠点拡充、業態自体の変容など激動の時代でした。そこで六〇年の歴史を振り返り、経営史としての記録をきちんと残したうえで、それらを踏まえて将来を展望する必要があると考えたわけです。六〇年史はデルフィス誕生後の一〇年史という一面もありました。

――六〇年史をつくるうえで、最も重要視された点はなんでしょうか。

平成一二年一月に社名変更し、新生デルフィスの企業理念や経営ビジョンを発信しましたが、会社側からの働きかけが弱かったせいか浸透度が低く、近年は社員の帰属意識が希薄になっているという懸念がありました。そのため六〇年史制作にあたっては「どういう会社で、どこを目指しているのか」を社員に周知徹底させることが重要だと考えました。「社員に勇気・活力・共感を与えアクションを起こさせる、会社の魅力を社内外に伝え、読んで楽しんでもらえる社史をつくりたい」。今回はそれをどのように実現するかに腐心しました。

——制作決定は発刊のどのくらい前でしたか？

平成二〇年四月に決定した年度計画に六〇周年事業が盛り込まれ、管理局が主担当になることが決まりました。最初はスタッフの陣容が揃わないという問題もあったため、具体的に動き出したのは発刊一年前の七月からでした。

——どのような編纂体制で制作に臨まれましたか？

五〇年史は制作のほとんどの部分を社員が担いましたが、今回は限られた期間でクオリティの高いものをつくること考えていましたから、工数的に内製は無理だと判断しました。そこで八月に常務をトップとする部門横断的な編纂チームを立ち上げ、方向性の検討を始めるのと同時に企画・編集段階からサポートしてもらえるパートナーの選定を開始しました。

——右開き・縦組みと左開き・横組みをセンターで合わせる構成がユニークですね。

右から開けば経営史を中心とした編年体の「歴史編」、左から開けば「未来編」になります。

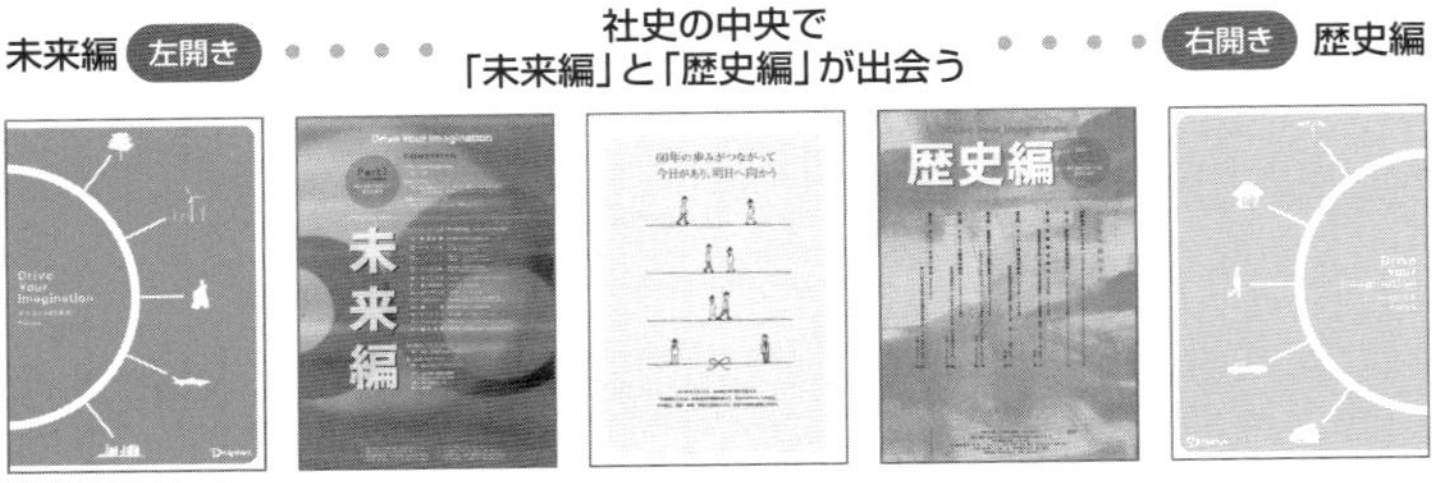

© 2009 Delphys Inc.

歴史の大きな流れを把握したうえで、未来に向けたメッセージを発信するという狙いや発行目的の具現化を検討した結果、これが最もわかりやすく、ベストな形だと考えました。未来編にボリュームをもたせる意味もあってページ数は半々にしましたが、それぞれが孤立しないようセンターページに「60年の歩みがつながって今日があり、明日へ向かう」というメッセージでつなげる工夫をしました。

——歴史編、未来編それぞれの企画意図や苦労された点を教えてください。

　歴史編は事実を正確に残すため、記述内容の確認作業が大変でした。昔の資料が乏しかったのでOBをはじめ多くの人にヒアリングしましたが、人によって記憶は異なるものですから何重にもチェックを施しました。苦難の時代をどうやって乗り越えたかを事実誤認なく、かつ客観的に表現し、しかも読み物として歴史の流れをつかめるようにする。この点には細心の注意を払いました。

　未来編の核は社長インタビューです。ここにどのようなメッセージ性をもたせるかは事前に何度も議論し、ストーリーを設定してから実施しましたが読者へどう伝えるかといった部分で苦慮し、原稿完成まではかなりの苦労を要しました。

――「広告代理店の社史」という意味で特に力を入れられたポイントを教えてください。

　広告代理店は人が財産、人で成り立っています。そのためできるだけ社員の顔が見える社史にしたかったので、役員から新入社員まで全員が参加できる企画を考えました。ただ、ひとことメッセージなどは一方的に依頼して集まるものではありません。拒んでいる人にも参加してもらえるような働きかけや、コメントを間違って載せないようにチェックする作業はかなり大変でした。同時に私たちが手掛けている作品同様、見やすさ、読みやすさ、伝わりやすさにも重点を置きました。

――六〇年史の印刷物データをイントラネット上にアップされた目的はなんでしょうか？

　当初は社史をデジタルブック化してホームページに掲載し、情報発信ツールの一つとして活用したいと考えましたが、多くの作品を掲載している関係で権利問題が絡むためイントラネットに切り替えました。これは日頃思いついたときに社史を見ることにより、そこに込められた熱い思いを想起してもらうことを狙っています。

――以上のほかに、制作にあたって苦労されたことを教えてください。

　発刊を決めた後に経済環境が激変したこともあり、発刊中止や規模縮小の意見も少なからずありました。実際、当初予定していた周年事業が紅白饅頭だけとなるなか、役員会で発行目的や進捗状況を繰り返し説明し、「ピンチをチャンスに変えるべきだ」と説得して何とか乗り切ったのです。

もう一つ苦労したのはスケジュール調整です。当初、社長と代表社員へのインタビューは同時進行の予定でしたが、社長メッセージの内容を踏まえて社員を選ばなければ目的が達せられないと考えたためにかなり遅れ、これを巻き返すため追い込み作業は必死でした。

――配布先と配布後の反響はいかがでしたか。

グループ各社と取引先、協力会社、社員、OBに配布しました。お客様のなかには、当社のことを理解しておられるようでご存じない部分もあるようです。その意味でこれまでの歩みと今後の展望がわかる六〇年史は営業ツールとして有効だという評価を得ています。読み物として工夫したかいもあって「わかりやすい」という声も多かったです。

――社史の今後の活用方法を教えてください。

社員に対しては「帰属意識の向上、目指すベクトルの共有化による生産性向上、収益拡大等」につながるツールとして日々活用してもらいたいと考えています。そのため発刊の約2か月後、社史の発行目的、効果、企画構成、制作概要・体制、舞台裏の苦労話とともに活用方法をまとめた資料を作成し、マネージャー向けの会議で配布しました。グループ会社、取引先に対しては営業ツールとして役立てたいと思っています。

――これから社史・記念誌を担当される方にアドバイスがありましたらお願いします。

今回、発行目的や編集方針を決める最初の段階から、文章チェック、デザインなどあらゆる局面でかなり激しい意見の応酬がありました。それでも社員に勇気・活力・共感を与える社史をつくりたいという共通意識、制作者としてのパッションがあったため完遂できたのです。当社が部門横断的に一つのことを成し遂げた初めての例といってもいいかもしれません。やはり編纂メンバーの入念なディスカッションは制作の鍵になると思います。早い段階で上下の隔たりなく意見を戦わせ、価値観の共有化を図るのが大切でしょう。社員を巻き込んでいくことも大事で、そのための説得力も必要です。もう一つ、最終的に満足できるものを仕上げるためには、少なくとも一年以上の期間が必要だと思います。

© 2009 Delphys Inc.

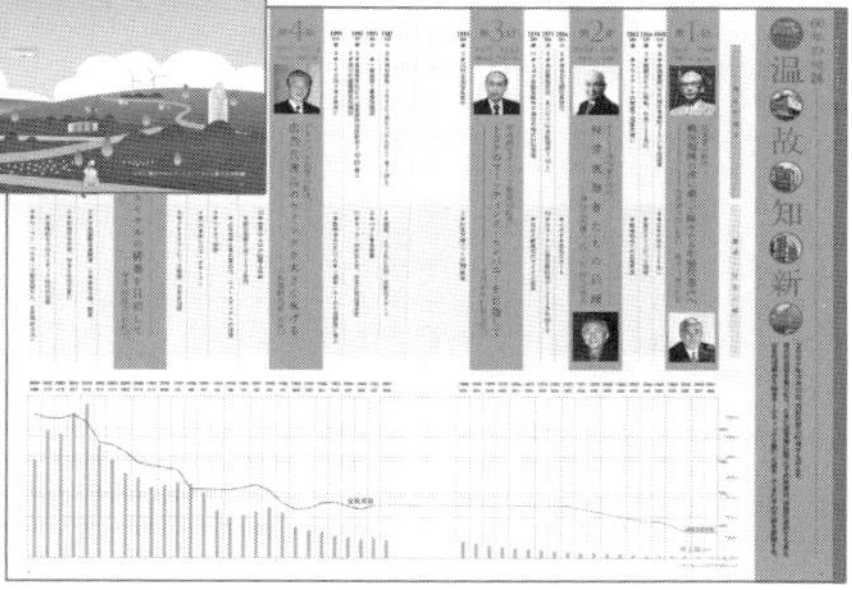

© 2009 Delphys Inc.

70 書籍として制作した社史のデジタル化は可能ですか？

●最も簡単なデジタル化はＰＤＦデータと電子ブック形式です。

近年、社史を書籍として制作するだけでなく、その電子化されたデータの同時納品を希望される会社が増えてきています。電子化によって文章中の文字がＰＣで検索できるようになるため、索引がない書籍でもキーワード検索が行えます。またデータの複製が容易であるため、配布範囲を拡げる際に増刷の代わりにＤＶＤとして焼いたり、ＷＥＢ上に掲載することによりコストを抑えられるなどのメリットがあるからです。

いったん書籍用につくられたものを電子化する方法としてはＰＤＦデータ化と、電子ブック形式の二種類が挙げられます。

ＰＤＦとはPortable Document Formatの略で、コンピュータの機種や環境によらずに、紙の上に印刷して表現される文書のデザインやレイアウトなどを、無償配布されているソフトでほぼそのまま閲覧し、印刷できる文書変換フォーマットです。そのため、文書の長期保存に適しています。初期の頃は閲覧専用で新たな要素の付加はできませんでしたが、近年は動画の埋め込みが可能になるなど、機能面も徐々に充実してきています。

一方、電子ブック形式ではページをクリックしたときにめくる動作が含まれるため、書籍に近い感覚をパソコン上で表現することができます。そのほか、ページ上での自動音声読み上げ、動画や音声の埋め込みなど、マルチメディア機能を付与することで書籍では表現できない部分をカバーすることもできます。また表示されるコンテンツ（画像、動画、テキストなど）の著作権を保護し、その利用や複製を制御・制限することができます。反面、ソフトメーカーにより形式はさまざまで、メーカーがソフトの更新を取りやめたり、製造を中止したりすると閲覧できなくなる危険性があり、長期保存は保証されていません。

いずれにせよ、書籍として制作した社史をただ電子化するだけでは、ページレイアウトが書籍用であるためパソコンのディスプレイ画面で見にくいという難点があります。ディスプレイ上での見やすさを考慮するなら、専用にレイアウトし直すことをおすすめします。

なお、デジタル化された社史には以下に挙げる懸念もありますので、そのメリットとデメリットからリスク回避方法までトータルで考えることが求められます。
- （WEB上に上げた場合）データの流出や改ざんなどサイバーテロ対策をどうするか
- データの記録媒体（DVD、サーバなど）の寿命が十分であるか
- その媒体の再生環境が整っているか
- データの複製にどう対応するか

71 はじめから電子媒体専用としてつくられた社史はありますか？

●最もポピュラーなのはＨＴＭＬ形式です。

書籍としての制作を考えず、はじめからデジタル媒体ありきでつくられる社史も最近はみられるようになってきました。そうしたなかには、Ｑ70で述べた電子ブックで制作された例もありますが、最もポピュラーなのはＷＥＢサイトと同じ技術（ＨＴＭＬ形式）で組み上げたコンテンツです。当社ではわかりやすくするため、※ＷＥＢ社史®と呼んでいます。

通常のＷＥＢサイトと同じように、ムービーや映像コンテンツ、デジタル化した数値データなど、見たい内容を選べます。検索ができますので、データベースのようにも使えます。書籍より多くのことを記録してデータベースのように活用したい、あるいは、外部にメッセージを強く訴えたいという編纂目的にかなった方法といえるでしょう。

このタイプの社史は、ＤＶＤで配布したり、自社サイトに組み込んだりして外部に公開したり、閲覧者が限定された専用サイトをつくったりして活用されています。たとえば、社史閲覧の希望者が多いケース（テレビ局、鉄道会社など特定のファンが多い会社の社史など）

※Web社史®は株式会社出版文化社の登録商標（登録5021638）です。

では、ホームページに掲載されていますし、経営層だけが見られる機密性の高いページをイントラネット（社内WEBサイト）上にもうけた会社もあります。また、スマートフォンやタブレット端末でも見られるように制作することができますので、取引先で自社の商品や研究開発の経緯を説明する営業ツールとして利用している例や、就職活動を行う学生に自社の歴史や魅力をアピールするツールとして活用している例もあります。

現状ではほとんどの場合、WEB社史と同時に書籍版の社史もつくられており、本編は書籍として制作し、資料編をWEB社史にしてDVDに収録して添付するといったハイブリッド型もありますが、前述のようにデジタル社史だけをつくるケースも出始めており、今後は用途に応じて多彩なデジタル社史が増えていくのは間違いないでしょう。

ただ、WEBはページ数という概念が書籍とは違い、原稿量や写真点数が記録媒体の容量の許す限り、際限なく収めることができますので、あらかじめデータ量を決めておかないと原稿作成コストや校正コストに大きく影響するのでご注意ください。

72 編纂作業が終わったら資料はどうするのですか?

●資料室をつくる、デジタル化して保存するなどがおすすめです。

社史編纂後も、資料は「用済み」にはなりません。この世に唯一無二の先人たちが残してきた「事業の証」は、次の世代に引き継ぐべきものです。実際、社史編纂を終えた担当者は、この機会に集めた情報・資料を管理する体系をつくりたいという気持ちをもたれることが多いようです。

社史編纂に使用する資料は、文書、写真ばかりでなく、録音テープやビデオテープ、各種モノ資料など多岐にわたっています。これらは包括的に長期保存する必要があります。少なくとも、年史で使用した資料については、目録を作成し、梱包し、保管場所を固定することが求められます。また、次回の社史制作に向けて、社史刊行直後から、資料の収集・整理・保存管理を継続的にすすめなくてはなりません。これらのための仕組み作り(企業アーカイブの構築)を検討することが求められます。

資料現物の保管については、誤って廃棄されないよう留意することはもちろん、災害や害虫などから守ることも考えなくてはなりません。またカラーフィルムの色褪せ、用紙の黄変など物理的劣化も避けられないものです。専用保存箱に入れるなど長期保存のための措置を講じてください。

一方、デジタルデータは、基本的にそれ自身が劣化する心配はありません。そこで、資料現物を保管するだけでなく、できるだけ早くデジタル化（電子化）してバックアップを取ることをおすすめします。文書ならスキャニングしてＰＤＦファイルに、写真ならスキャニングか複写撮影をして画像データにしておくことで、簡単に共有できます。音声や動画も同じ端末で視聴することができます。さらにＷＥＢ展開も容易になります。このようにデジタル化のメリットは多く、現在では国会図書館をはじめ、多くの機関で所蔵資料のデジタル化を積極的に進めています。（ＷＥＢ展開についてはＱ75で、本格的なデジタル・アーカイブについてはＱ77で説明します）

なお、現在の書籍はその制作過程がデジタル化されていますので、完成した社史のデジタル保存も容易です。そのテキスト（文字）、写真、年表、図表などを個別に取り出して、デジタルデータとして再構成することもできます。ただ、データの種類によっては単純にコピーすると「書式情報」が消失するなどの問題がありますので、専門家への相談をおすすめします。また、データによっては二次利用権や著作権、著作人格権、肖像権などの問題をクリアにしておく必要がありますので、この点にも細心の注意が必要です。

73 会社案内ビデオのように社史を動画にすることはできますか？

●写真を中心にした構成で動画化します。

現状を動画撮影できる会社案内やＩＲ報告と違い、過去を扱う社史は動画で見せることが難しいジャンルと思われるかもしれません。実際、誰でも手軽に動画撮影ができるようになったのは、家庭用ビデオが普及したここ三、四十年のことで、それ以前は日常の活動を動画で記録するのは特別なことでしたから、それだけで社史を構成できるほど動画が保存されているケースはまずありません。

そこで当社では、写真が中心の動画を「社史ムービー」としてご提供しています。簡単にいえば歴史写真のスライドショーですが、そこにプロのナレーションとＢＧＭを挿入して、全体を歴史ドラマとして構成します。もちろん過去の動画（ビデオテープ、映画フィルム）、カセットテープ、オープンリールテープ、レコードなど文書や写真以外の資料を差し込むこともできます。ＮＨＫで放映され人気のあった『プロジェクトＸ～挑戦者たち～』をはじめ歴史探索などの番組でよく使われる手法ですので、どのようなイメージか簡単に想像がつくことと思います。

動画ですから短時間で視聴でき、情緒的な訴求力が高いことが特長です。その代わり、あまり多くの情報を盛り込むことはできません。つまり、記録としての機能は書籍に劣るけれども、会社発展のストーリーや理念の浸透には最適な媒体といえます。

そこで、多くの場合、書籍の社史と並行して制作し、互いの機能を補完するような形で活用されます。周年記念式典のオープニングや会場の待合室での放映など祝賀気分を盛り上げるための演出に利用されるほか、デジタル媒体としての特性を活かして、さまざまな場面で二次利用できるのがムービーの強みです。社外向けには、周年期間中に会社のエントランスで放映したり、自社のホームページへ掲載したりするほか、周年期間を過ぎてもリクルートでの会社説明会や営業先での会社案内に活用できます。社内向けには、新入社員教育用として利用されるケースが多いようです。

副産物として、時間と共に素材の変質やカビなどによって劣化していくビデオテープやフィルム、レコード類を、補修処置してデジタル化する機会にもなるというメリットがあります。社史のための関係者取材を録画しておき、それを編集して映像版の「証言集」を書籍とは別につくり、アーカイブとして保存することもできます。さらに将来の社史を考えて、現在の経営者や社員の活躍を動画にして残すことも、広い意味でのアーカイブ活動だといえます。その意味では、社史ムービーは今後どんどん進化していくことでしょう。

74 周年記念サイトなどWEBを活用した周年記念活動について教えてください。

●ホームページの特設サイトやSNSを活用することで社内外にアピールできます。

周年事業におけるWEBサイトの活用方法としては、以下のようなものが挙げられます。

①社内WEBサイト／社史の制作期間中に制作への協力を呼び掛けたり、周年事業決定後に周年記念イベントの案内を行ったりして周年祝賀の機運を盛り上げる

②社外向けのホームページ／周年の特設サイトを新しく立ち上げ、企業イメージの浸透・向上を図る

社内WEBサイトでは、社史制作への協力の呼びかけばかりでなく、発見された新資料の話題など進捗に合わせた制作ニュースを載せたり、大づかみな会社のストーリーを連載形式で伝えたりなどしていくことで社史への期待感が高まります。それに記念事業の予告などを組み合わせると、周年に向けて機運を盛り上げる効果が期待できます。

社外向けホームページでは、株主や取引先はもとよりユーザーからリクルートの学生まで、いわゆるステークホルダーに対して、周年という機会を活かして会社のイメージアップを図

ることが目的です。内容としては周年の挨拶、会社の歩み、製（商）品の開発エピソード、対外的な記念事業のお知らせ、などが挙げられます。歴史写真のスライドショーや社史ムービーを公開するとより注目度は集まるでしょう。ちなみに、これらのサイトは常設のホームページとは違い一定期間（一年程度）公開の後に削除されるケースが多いようです。周年記念サイトで検索すると多くの企業が制作しており、参考にすることができます。

これらは一方的な情報配信によるものですが、お客様や取引先など社外の方を含めて周年を盛り上げるにはＳＮＳやブログの活用も考えられます。ＳＮＳとはソーシャル・ネットワーキング・サービスの略であり、インターネット上の交流を通して社会的ネットワークを構築するサービスのことです。具体的にはＦａｃｅｂｏｏｋやｍｉｘｉ、Ｔｗｉｔｔｅｒなどがあります。活用方法としては、たとえばＳＮＳを利用し、会社に関係するエピソードや写真を投稿してもらったり、祝辞を送ってもらい利用者間で共有するなどです。ＳＮＳは無料のサービスを活用しますので、周年サイトとは違い低コストで実施できる反面、使い方を誤ればクレームの元になったり、信用を落とすことも十分に考えられます。情報ネットワークを正しく利用することができるネットリテラシーの高い人の管理が求められます。

75 社史で集めた資料をWEB上で利用可能にする方法はありますか?

●「企業百科」や「バーチャルミュージアム」などがあります。

社史を制作するために集められ、整理された資料は社史完成と同時に資料室に戻され、あるいは段ボールに詰められ、次の社史の制作時まで放置されることが多々あります。しかし、会社の歴史を物語る資料が一か所に集められ、整理される機会はそうあるものではありません。また、毎年更新していけば次の社史制作のときには新たに収集する必要がなくなります。

当社では、社史制作を機会に経営資料をデジタル化し、保存・更新することをおすすめしています。大容量のデジタル・アーカイブについてはQ77でご紹介しますが、ここでは社史制作で収集・整理した写真などのデジタル画像や、財務諸表からデータを取り出して各種経営指標に整理し直したエクセルのデータなどをイントラネット上に保存し、簡単に更新できるHTML形式の資料管理・閲覧システムを、まずご紹介します。

これは、イントラネット(社内WEBサイト)上に資料管理・閲覧用のサイトをもうける方法で、Q71でも触れたように、機密性の高いデータは経営層だけが見られるようにするなど、必要に応じ閲覧制限を設定することができます。

この方式の特色は、ホームページなどと同様、インターフェイスのデザインを工夫することで、誰にでも見やすく、使いやすい資料管理・閲覧システムを実現できることです。いわばデジタル百科事典のように使えることから、弊社ではこれを「企業百科®」と名付けました。毎年社史制作と並行して、あるいは制作終了後にこの企業百科のサイトを立ち上げておき、毎年データを更新・追加できる仕組みをもうけておくことで、次回の社史制作に備えてデータを蓄積しておくことができます。年代順に並べ替えるソート機能や検索機能、媒体ごとに分類する絞込み機能などを実装することで、より使いやすくなるでしょう。ただし、本格的なデジタル・アーカイブ・システムに比べ、容量の面などでは限界があります。

企業博物館、企業美術館、記念館などが建て直しのために一時閉館する場合、施設を丸ごとデジタル化して保存するという方法もあります。施設をCGで仮想現実化し、バーチャルミュージアムをつくり上げる方法です。もちろん展示物に直接触れることはできませんが、WEBの仕掛けにより館内を自由に歩き回ったり、展示物を三六〇度回転させたりなどの仕掛けをもうけることで利用者をより楽しませることができるでしょう。

76 企業アーカイブと社史の関係について教えてください。

●企業アーカイブのなかから、選りすぐりの資料を社史編纂に利用します。

企業活動を展開する過程で、文書や写真、映像、商品、広告宣伝物などさまざまな資料が生み出されます。業務での使用が終わった後、これら資料は、任意に処分して良いものと、法律や条例で一定期間の保存を義務付けられているものに分けることができます。法定保存期間を過ぎれば、すべての資料は、法的には処分してよいことになりますが、廃棄されたものは二度と入手できませんから、処分は慎重にすすめる必要があります。実際には、各企業で選別し、重要資料の一部を永続的に保管しています。この「永年保存資料」のことを「歴史的資料」または「アーカイブ」「アーカイブズ」と呼ぶことがあります。これらは、社史制作にあたり基礎資料の一部になります。歴史的事実を直接あとづける「証拠」になる資料から、参考資料になるものまで、個々の資料の位置づけはさまざまですが、一つ一つの資料が社史をより活き活きとした、より信憑性の高いものに押し上げるかけがえのない素材になります。

歴史的資料群「企業アーカイブ」は、いわば社史をつくるための「材料の保管庫」ということができるでしょう。社史刊行の目的や時期によって、アーカイブから抽出する材料（資料）も変わってきます。例えば、「80年史」では、取り上げなかった新規事業も、「１００年史」の時点では、花形事業に成長している場合もあります。このような理由から、材料は細大漏らさず蓄積しておく必要があります。

資料の収集や整理、保管が万全であるという会社は、残念ながら多くはありません。社史編纂を機に、あわてて収集、整理をはじめるという会社が大半です。そこで、社史編纂を機に（編纂と並行して、あるいは編纂後に）永続的な「企業アーカイブ」という仕組みを構築することをおすすめします。日々生み出される資料から、永年保存にふさわしい資料を漏れなく選んで、所定の場所に確実に保存し、定められた人が管理をするというルール、ルーチンをつくってしまえば、次の社史編纂が、効率的で無駄のないものになります。企業アーカイブの仕組みができていれば、必要な資料探しの手間は最小限で済み、社史編纂がはかどります。また、そうして蓄積された資料群は、社史編纂以外にも幅広く活用が可能です。アーカイブ構築については、独自のノウハウが必要ですので専門家を擁する社史編纂会社のサポートを受けることが有効です。

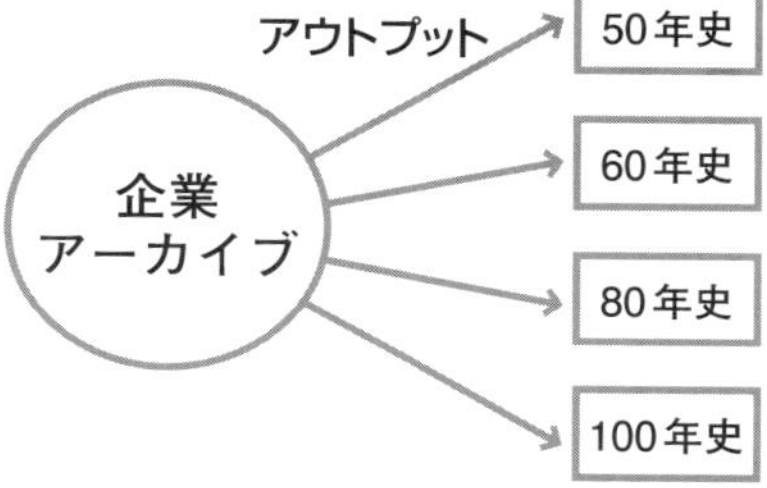

77 本格的なデジタル・アーカイブについて教えてください。

●目的を明確にし、予算に見合った規模での展開をおすすめします。

社史の世界でも、アーカイブの世界でも、昨今、デジタル化は幅広く進んでいます。資料を完全にデジタル化してしまえば、すべてを一元的なデータベースで管理することも可能です。当社でも、社史や企業アーカイブのためのデータベースシステムの研究を継続して行っています。

とはいえ、市販されているドキュメント管理用のデータベースシステムを社史やアーカイブにそのまま利用するのは容易ではありません。

まず、社史で扱う資料は、パソコンが普及する以前のものが多いため、さまざまな手段を用いてデジタル化（電子化）することが必要になります。手書きの書類はもちろん、印刷された文書でも、スキャンニングしてＰＤＦデータで保存しただけでは、テキスト検索に対応できません。対応させるためには、テキストデータを別途作成し、埋め込む必要があります。パソコン普及以降のものでも、ハードウェア、ソフトウェアの変転が激しく、現在の機器ではそのまま扱えず、何らかの形でデータ変換しなければならないこともあります。扱う資料の範囲を拡げ、写真などの画像から、映像や音声、商品や広告宣伝物の現物など、すべての資料を網羅するとなると、手間とコストはさらに膨らみます。モノ資料まで一元管理するのであれば、博物館用のシステムが必要になってきます。WEB上で公開するならば、Q75でも紹介したバーチャルミュージアムを構築する例もあります。

比較的廉価な方法としては、目録だけのシステム化があります。つまり、膨大な原資料そのものをデジタル化するのではなく、管理された資料庫と連動させた原資料の概要と所在(ありか)を検索できるデータベースシステムを構築する方法です。資料の検索と取り出しを容易にするだけでも、利用や更新・追加の際の作業効率は上がります。その際、文字情報だけでなく、画像確認もできるデータベースを組めば、より便利でしょう。要は、データベースを構築する目的を明確にし、予算に見合った規模で展開することです。

先輩方から世界各国の従業員まで多くの人々の思いを込める

株式会社サカタのタネ
広報宣伝部長 **清水俊英 様**
広報宣伝部 広報宣伝課 **佐川博子 様**

『サカタのタネ100年のあゆみ』（A4判並製、事業編324頁・品種編112頁・海外版168頁、平成25年6月発行）

――御社は平成二五年に創業一〇〇周年を迎えられましたが、社史をつくるのは初めてだそうですね。どのような経緯で始まったのですか？

佐川　創業一〇〇周年を迎える前から、「一〇〇周年のときには社史をつくるのだろうな」という雰囲気が社内にありました。そのため、社内にあった古い写真を整理したり、OBを呼んで座談会を行ったりと、漠然と準備は進んでいました。平成二二年六月に一〇〇周年準備委員会が立ち上がり、ホームページの記念サイトやロビー展示、記念式典といった記念事業の一つとして、社史の制作も検討されました。ですが、実際に社史づくりがスタートしたのは平成二三年八月からです。そこから本格的に資料集めが始まりました。

清水　当社にはこれまで会社の歴史をまとめた書物がなく、この機会に社史をつくっておかなければ貴重な情報資産が失われてしまう、という思いでした。一〇〇周年を機に、社史を通じて従業員たちが自社の歴史を再認識でき、世界中のステークホルダーの皆様に当社のことをより詳しく知っていただくことを目指しました。

——企画のなかで、特に工夫されたこと、これだけは譲れないといったことはありますか？

清水　会社の歴史をまとめた「事業編」のほかに、種苗会社である当社の社史として「品種編」は絶対につくりたいと思っていました。当社が扱う花と野菜の品種の歴史は、当社の歴史そのものと言っても過言ではありません。

　また、従業員の三分の二が海外拠点で働いている当社では、世界中の皆で一〇〇周年を祝いたいという思いがありましたので、海外版をつくることも当初からの構想でした。

　文章として読み応えがあるだけでなく、見て楽しめる紙面にしたいという意図もあったので、ビジュアル的にも写真に工夫を凝らした〝楽しく読める〟社史ができたと思っています。

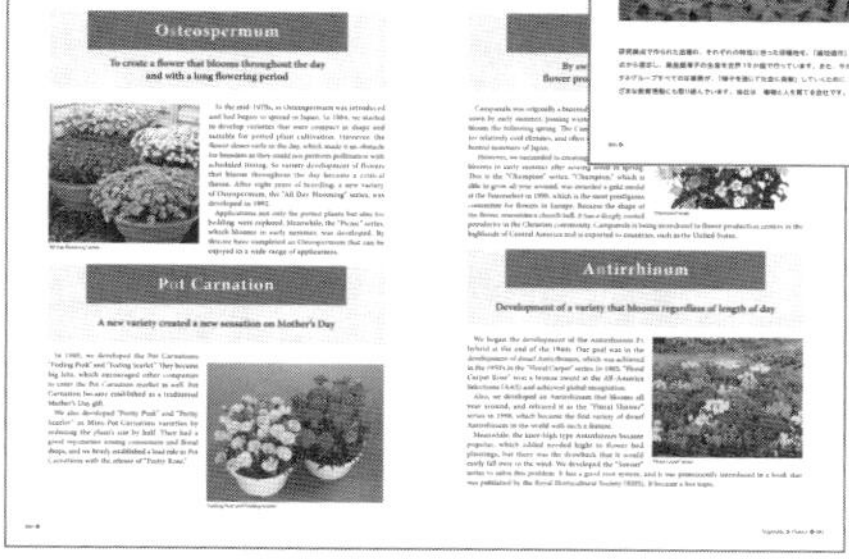

――制作の過程で、特に苦労されたことは何ですか？

佐川　原稿に書かれた内容を確認していくなかで、その事実を突き詰めていく作業が大変でした。特に古い時代のことはOBの方々にヒアリングをして集めた情報も多いのですが、同じ事柄でも人によって話すことが違うと、どちらが正しいのか判断に迷うことがあります。それを確認するために役員会議事録や通達を見たり、資料がなければ図書館や役所に行って調べました。それでも一〇〇％正しいとは言いきれないこともあり、〝事実は一つ、真実は人の数だけある〟ということを痛感しましたね。

大変ではありましたが、取材に協力していただいたOBや社員の皆さんからは「立派なものができたね。頑張ったね」とお褒めの言葉をいただきました。

清水　今回は、事業編、品種編、海外版と三冊つくったので、それぞれに書かれている事実が矛盾していてはまずいわけです。編纂メンバーが各冊を分担して同時進行で編集していたところ、事実確認のすり合わせ作業が大変でした。全体を通してコーディネートできる人が早い段階から必要だったと思っています。

――完成した社史を社員やステークホルダーに配るというだけでなく、社内でも有効に活用されているようですね。

佐川　はい。たとえば広報宣伝部では、マスコミからの取材に応じる際、当社の歴史を説明するために社史を見て答えたり、資料として渡したりといった使い方をしています。特に資料編のページは、会社の経営推移がわかりやすくまとまっているので、重宝しています。

清水　営業担当者も、自分の商品を売り込むときに品種編で書かれていることを読んで知識を蓄えておけるので、社史は使えるツールだと思います。もちろん新入社員にも、当社の歴史を勉強してもらうために社史を配布しています。

――これから社史をつくる方々に、アドバイスがありましたらお願いします。

清水　技術編のような専門的な内容をまとめるときは、取り上げる事柄の選択基準を最初に決めておくことが大事だと思います。たとえば、品種編では①技術的にエポックメイキングだったもの、②物語性があるもの、③売上規模が大きいもの、という基準で掲載品種を選びました。

　このように、編纂の方針をはっきり決めておくことで、その後の編集・校正作業でもブレや迷いが生じることが少なくなると思います。また、社史編纂の頻度は二〇～二五年くらいを目安にしたほうがいいと思います。一〇年に一度だと大変ですし、三〇年に一度だと昔のことを確認するのが難しくなります。

佐川　今回はOBの皆様に多大なご協力をいただき、社史をまとめることができました。編纂事務局の力だけでは、ここまで当社の歴史を掘り起こすことはできなかったと思います。

　オブザーバーとして編纂メンバーに加わっていただいた一人のOBのおかげで、OBの皆様から貴重なお話を引き出すことができたのです。このように、事務局とOBとの橋渡し役となってくださるキーパーソンをメンバーに招聘することは、有効なことだと思います。

株式会社出版文化社　会社概要

●大阪本部／〒541-0056 大阪市中央区久太郎町3丁目4-30　船場グランドビル8階
E-mail osaka@shuppanbunka.com
TEL　06-4704-4700（代表）／FAX　06-4704-4707
●東京本部／〒101-0051 東京都千代田区神田神保町2-20-2 ワカヤギビル2階
E-mail tokyo@shuppanbunka.com
TEL　03-3264-8811（代表）／FAX　03-3264-8832
＊ホームページ http://www.shuppanbunka.jp/

●代表者　代表取締役社長・浅田厚志
●資本金　86,950,000円　**●従業員数**　100名
●創立　昭和59年2月6日　**●法人設立**　昭和61年8月22日
●株主　浅田厚志（代表取締役社長）、堺屋太一（作家）、大阪中小企業投資育成、エン・ジャパン株式会社
●取引銀行　三井住友銀行（天満橋）　三菱東京UFJ銀行（神保町）　みずほ銀行（浅草橋）
●出版社番号　88338　**●取次コード**　3665

●事業目的
社史・記念誌の企画、編集、出版サービス
企業資料と情報の整理・編集・分析（スキュワ・システム）
単行本・雑誌の企画・編集・発行（ビジネス・教育関係書中心）
堺屋太一氏、稲盛和夫氏のカセットテープ・マガジンの企画・販売
催事・イベントの企画・開催

●当社ヘリテージサービス提携先
SMBCコンサルティング、東洋経済新報社、朝日カルチャーセンター（東京・大阪）、大丸心斎橋店・神戸店・京都店
●主な得意先
株式会社トーハン、日本出版販売株式会社、株式会社大阪屋栗田、凸版印刷株式会社、野村総合研究所、大日本印刷株式会社、京セラ株式会社、東レ、スタジオジブリ、川崎重工業、コナミ、日本体育協会、JOC、デサント、上智大学、NHK、聖路加病院ほか
●登録商標
書籍の企画・編集サービス「創本工房」（サービス商標登録済み）
原稿の流通・作成・提供「テーマネット」（商標登録済み）
企業資料と情報の整理・編集・分析「スキュワ・システム」（サービス商標登録済み）
エコアニメ、アーカイブサポート、企業百科、大学百科、ownedmedia／オウンドメディア、構造化調査、成功長寿、会社百科、長寿企業度調査、THE 1年史、BIG HISTORY

新版　よくわかる！　社史制作のＱ＆Ａ　77

平成13年 5 月10日　旧版第 1 刷発行
平成26年 5 月12日　旧版第11刷発行
平成27年11月25日　新版第 1 刷発行
平成29年 7 月28日　新版第 2 刷発行

編　　　者　出版文化社 社史編集部
発　行　所　株式会社出版文化社
ISO9001 認証登録：FS589809（ヘリテージサービス事業部門）
ISO27001 認証登録：IS578226（ヘリテージサービス事業部門）
〈大阪本部〉
〒541-0056 大阪府大阪市中央区久太郎町 3-4-30
船場グランドビル 8 階
TEL 06-4704-4700（代）　FAX 06-4704-4707
〈東京本部〉
〒101-0051 東京都千代田区神田神保町 2-20-2 ワカヤギビル 2 階
TEL 03-3264-8811（代）　FAX 03-3264-8832
〈受注センター〉
TEL 03-3264-8811　FAX 03-3264-8832
E-mail book@shuppanbunka.com
発　行　人　浅田厚志
印刷・製本　図書印刷株式会社

当社の会社概要および出版目録はウェブサイトで公開しております。
また書籍の注文も承っております。→http://www.shuppanbunka.com/
http://www.shuppanbunka.jp/　http://www.shashi.co.jp/　http://www.shashi.jp/
郵便振替番号　00150-7-353651

ISBN978-4-88338-581-2 C0034
定価はカバーに表示してあります。